PIBOU
GOMPA
GDEÛ
DAMDANGMA

TSANGBOU

A nos parents

TSANGBOU
Entre Népal et Tibet

Éric Valli
Christine de Cherisey

HACHETTE RÉALITÉS

LES HOMMES DE LA TSANGBOU

Il est difficile de connaître l'histoire, ou l'épopée, de ces Tibétains, immigrés il y a plusieurs siècles — 200, 300 ans ou plus — dans les hautes vallées népalaises. Eux-mêmes gardent peu de tradition orale. Il faut leur arracher, bribe par bribe, leur histoire, faire se recouper les différents récits et démêler de la vérité ce qui est raconté pour le plaisir ou pour l'honneur. Les Tibétains aiment à enjoliver leurs souvenirs et il leur plaît souvent, même aux dépens de la vérité, de se donner pour ancêtres les Khampas, ces guerriers nomades des plateaux de l'est du Tibet. Précision et objectivité n'ont qu'une importance très relative dans leurs comptes rendus, mais on peut toutefois, à force de les écouter, discerner un fil conducteur dans leur histoire.

Ainsi parle le tailleur:

«Ouïlé ouïlé... Autrefois, autrefois, à Satchéding,
au Tibet, là-haut, vivaient nos ancêtres.
C'étaient des hommes rudes, des pasteurs,
c'étaient nos pères.
Un hiver, il a neigé plus que de coutume
et il en fut ainsi l'hiver suivant et encore
pendant dix hivers.
La vie devenait dure, trop dure,
les hommes sont descendus vers le sud, vers le Népal.
Ils sont arrivés par ici, ils chassaient,
ils cueillaient la *touha*, une racine qu'ils faisaient cuire.
Un jour, ils ont découvert le *nédo*,
la pierre sacrée qui sortait du ventre de la terre.
Ils sont restés autour d'elle,
elle accordait la fertilité aux femmes stériles,
et Damdangmarmou, le premier village, est né.
Et puis les hommes ont défriché la terre.
Ils ont planté l'orge pour se nourrir, puis ils ont eu soif,
soif d'alcool pour avoir le cœur fort,
ils ont cultivé le millet,
pour faire du *chang* meilleur encore qu'au Tibet.
Ensuite, les Sherpas sont venus s'installer ici.
Ce sont eux qui ont construit la grande Gompa
et le mur des Mani.
Ils sont restés un temps, puis il y a eu des troubles,
les Sherpas se sont disputés avec les Tibétains
et ils sont repartis chez eux, dans le Khumbu.
La haute vallée est restée tibétaine.
C'étaient nos pères et voilà leur histoire,
le soleil en est témoin...»

Ourting se tait et, comme l'a fait son père et le père de son père avant lui, il se penche vers sa *tomgba* pour aspirer, à l'aide de la paille de bambou, quelques gorgées d'alcool. Tout en buvant, il garde les yeux levés vers nous et son visage se plisse de rires muets tandis que la fleur jaune épanouie qu'il a plantée dans ses cheveux vient lui caresser la joue.

Ourting est l'un des personnages les plus marquants de la haute vallée. Toujours débordant d'activité, car il cumule les fonctions de tailleur et de secrétaire du village, il prend part à toutes les décisions importantes qui concernent la communauté. Le reste du temps, on le trouve généralement assis sous son porche, une tomgba à portée de ses lèvres, occupé à ourler une coiffe de femme ou à coudre à petits points précis une *chuba* de *nambou*, ce grand manteau de laine que portent encore les hommes et les femmes de la région. Rares ici sont ceux qui ont adopté les chemises ou les pantalons occidentaux que l'on trouve au bazar népalais, à six jours de marche vers le sud. Les Tibétains de la Tsangbou ont pour la plupart conservé le costume de leurs ancêtres: pantalon à fond large et veste de nambou pour les hommes, une robe sans manches, une chemise de couleur vive et deux tabliers rayés pour les femmes. L'étoffe arrive droit du Tibet, où elle est encore tissée, mais elle vaut cher, aujourd'hui. Il faut donner plus de quinze mesures de farine pour en obtenir une bande étroite, longue d'un mètre et demi, et seuls les plus riches des habitants peuvent s'offrir ce luxe. Les autres se contentent d'une toile rêche, taillée selon la coupe traditionnelle. Aucune des femmes de la Tsangbou ne voudrait porter d'autre vêtement que celui-là. Pourtant, dans les maisons, quelques plats et pots de fer-blanc, un vase de laiton, une boîte d'allumettes rappellent qu'il existe non loin de là une autre civilisation. Mais ce sont les seuls éléments étrangers qui viennent frapper l'œil. Très vite noircis de fumée, cabossés, ils s'intègrent sans le déparer à l'univers tibétain qui les entoure et se confondent bientôt avec les mesures de bois ou les mortiers taillés par les hommes de la vallée.

Hormis ces quelques ustensiles indispensables, tout ici sort de la main des hommes ou des femmes, qui savent depuis toujours subvenir à leurs besoins. Aujourd'hui où le marché népalais leur offre des produits qui pourraient transformer leur mode de vie, ils ne souhaitent pas en profiter, ou bien ne le peuvent pas à cause de leur extrême pauvreté.

Cette pauvreté n'est pourtant pas de la misère; les Tibétains de la Tsangbou tirent de leur terre à peu près de quoi vivre et ils comblent les manques par des échanges avec le sud ou avec le nord. Mais ces échanges se font sous forme de troc, où n'intervient pas l'argent et c'est précisément d'argent qu'auraient besoin les gens de la vallée pour avoir accès aux marchandises qu'ils ne peuvent produire eux-mêmes. Ils n'ont pas les moyens, par exemple, de se procurer le bétail qui leur permettrait de fertiliser leurs terres. Les hommes ne voient la couleur de l'argent que lorsqu'ils effectuent des travaux de portage pour le gouvernement, ce qui les entraîne loin de chez eux, ou quand ils descendent au bourg népalais pour y vendre des gousses d'ail et quelques mesures de pommes de terre. La somme qu'ils empochent alors est généralement redépensée aussitôt pour rapporter au village un sac de piments rouges, du beurre ou du riz qui leur serviront de complément de nourriture ou, de nouveau, de monnaie d'échange. Mais sur place, dans la haute vallée, l'argent même n'a aucune valeur.

Lorsque j'ai demandé à Passang de me confectionner une paire de bottes tibétaines, il m'a réclamé quarante mesures de farine pour le prix de son travail; mes roupies ne l'intéressaient absolument pas, c'est de nourriture qu'il avait besoin. Jamais il ne s'achètera la même lampe à pétrole que Gourou, le riche commerçant d'herbes médicinales, mais il n'en ressent pas le désir; un éclat de bois résineux brûle tout aussi bien pour éclairer ses veillées et il n'a pas besoin de l'alimenter en carburant. D'ailleurs ses pères ont toujours fait ainsi, pourquoi agirait-il autrement?

Le respect des traditions établies est beaucoup plus important pour lui que le goût du luxe et des objets neufs. Tout cela est superflu, et le superflu n'est pas un élément de plaisir pour les gens de la Tsangbou, qui savent depuis toujours se contenter de l'essentiel. Jamais les pères qui reviennent du bourg ne rapportent d'objets inutiles et les femmes ne se laissent pas davantage tenter; elles achètent à la rigueur un morceau de toile, mais rien de plus. Quant aux familles qui descendent en hiver vers le sud, pour un exil de trois mois rendu nécessaire par l'insuffisance des récoltes, elles ne profitent pas non plus des «bienfaits» de la civilisation. Regroupées dans des maisons voisines les unes des autres, elles demeurent le plus possible entre elles, recréent leur univers tibétain au cœur du milieu népalais, et n'ont qu'une seule idée: gagner quelque argent afin de passer l'hiver et retourner dès que possible dans leur village pour y retrouver la maison, si obscure et dénudée soit-elle. Là, les Tibétains retrouvent les leurs, leur cadre familier, et c'est ce qui importe le plus à leurs yeux.

Quelques familles ont toutefois décidé de se fixer en bas; leur rapide compréhension du commerce, leurs initiatives intelligentes et leur goût du risque calculé ont très vite fait de leurs membres des gens aisés. Mais Mingma et les siens, qui habitent depuis cinq ans le bourg népalais, continuent de parler tibétain, de porter le costume des gens de la haute vallée, et de boire la tomgba en famille.

Ceux qui ont fait ce choix demeurent de rares exceptions parmi tous ceux de leur race qui sont attachés à leur terre et n'envisagent pas de la quitter. La sagesse séculaire des gens de la Tsangbou, faite de l'observation régulière de leurs coutumes, leur gaieté et leur insouciance naturelles les aident à supporter les rigueurs de la vie dans la haute vallée. Mais surtout, les hommes de la Tsangbou sont très profondément conscients de leur identité et ils souhaitent à tout prix conserver leur originalité.

Contrairement aux habitants de certaines vallées tibétaines du Népal enfermées dans leur isolement par un relief et une géographie complexes, les Tibétains de la Tsangbou ont un accès relativement facile en pays népalais. Les tout premiers hameaux où l'on trouve encore du thé sucré et des tissus indiens ne sont distants que d'une journée de marche. Il ne faut que cinq ou six jours d'une marche sans grande difficulté sur des sentiers bien dessinés pour atteindre le bourg important où prend place le bazar, où se trouve l'hôpital. Cinq jours de marche qui, dans un pays où toutes les distances se franchissent à pied, restent un trajet d'une longueur raisonnable. Mais il est vrai qu'en passant la frontière on peut atteindre en deux jours un village tibétain chinois où l'on trouve un dispensaire qui semble inspirer aux hommes de la Tsangbou plus de confiance que l'hôpital népalais.

Située près de la frontière nord, la haute vallée de la Tsangbou sert de charnière entre deux pays: le Népal, auquel elle appartient, et le Tibet, dont elle a conservé la langue et la civilisation ancienne. Proches de cœur des Tibétains chinois, qu'ils retrouvent deux fois l'an lors de l'arrivée des caravanes qui précède les échanges, les hommes de la Tsangbou dépendent du Népal pour les relations économiques et sociales. Et si leur langue comme leurs costumes, leurs bijoux, leur nourriture sont encore tibétains, leur architecture, qui a dû s'adapter au climat népalais, ne l'est plus, et leur religion, pour influencée qu'elle soit au départ par le Tibet, a suivi peu à peu sa propre évolution.

Aujourd'hui, les gens de la haute vallée auraient plutôt tendance à garder des liens très forts avec le nord, avec leurs racines; ceux qui ont refusé cette tradition sont depuis longtemps partis s'établir dans les grandes villes indiennes ou vers Katmandou, où ils tiennent des commerces florissants. Mais ceux qui restent parce qu'ils l'ont choisi se débattent obscurément entre le besoin de plus en plus vital d'obtenir une aide népalaise et un désir enraciné de préserver leur culture, même au prix de grands sacrifices.

Les hommes de la Tsangbou ont trouvé au Népal une terre d'accueil, qui leur a permis de conserver leur mode de vie, leur a offert de quoi subsister et les a protégés de l'invasion chinoise au Tibet.

Par-delà le temps et les frontières, les hommes de la Tsangbou sont parvenus à conserver toute leur authenticité et ils demeurent, avec quelques groupes similaires dispersés au Népal et en Inde, les rares survivants d'une civilisation aujourd'hui transformée au Tibet.

LA TERRE ET LE FEU

Quel que soit leur désir de préserver leur mode de vie tibétain, les gens de la Tsangbou n'y seraient pas parvenus s'ils n'avaient trouvé au Népal des terres où ils ont pu installer leurs communautés et où ils ont retrouvé le climat rigoureux qu'ils connaissaient au Tibet et dont leur constitution avait besoin. Mais les hommes n'auraient pu y survivre sans un labeur acharné sur une terre qui se montre plus ingrate que nourricière. Trop démunis pour pouvoir acheter un cheptel important qui leur fournirait viande, lait, graisse, aussi bien que laine ou cuir et l'indispensable fumier, ils ont dû apprendre à se contenter presque exclusivement des produits de leur sol. Seul de tous les villages, Pandok, le plus grand et le plus riche, possède des moutons dont les propriétaires exploitent la laine de façon artisanale. Les autres villages, de Damdangmarmou à Pibou, de Simboung à Tchongdeû, ne disposent que de quelques vaches assez chétives, qui subsistent tant bien que mal et ne donnent pas ou peu de lait, mais qui sont indispensables pour fertiliser la terre ; car l'engrais, comme tout autre produit chimique, est inconnu en pays tibétain et, de toute façon, hors de portée des bourses.

Les gens de la haute vallée restent, pour leur survie, entièrement dépendants de la terre. Hommes, femmes, enfants, tous participent au travail quotidien. Leurs champs sont taillés à même la montagne, selon les caprices de la pente, en terrasses qui ressemblent à de longues taches d'huile et dont certaines sont si étroites que l'on a du mal à y faire passer la charrue. Les ancêtres ont peiné à les construire, les fils peinent à les entretenir, en plus de travail de la terre proprement dit. Et il n'est pas un pouce de terrain qui ne soit cultivé. Dès le petit matin, les champs s'animent. Les bœufs avancent tranquillement, de leur démarche sûre. Le laboureur siffle pour les guider, s'appuie de tout son poids sur le soc et la charrue s'enfonce dans la terre, faisant éclater les plaques blanches de givre. Derrière, courbées sur le sol, leurs bottes maculées de boue fraîche, les femmes cassent les mottes. Il faut faire vite, car la location des bœufs coûte cher. De cette terre pauvre et mal engraissée, dont l'homme exige trop, mais un trop qui est encore trop peu, on parvient à tirer des récoltes qui permettent de survivre, bien que nombreuses soient les familles qui doivent s'exiler vers le sud dans l'attente du printemps. Il est à Pandok comme ailleurs des pentes si raides que c'est à peine si l'on peut y tenir debout. Là encore travaillent des femmes, qui sarclent patiemment le sol pour y planter des pommes de terre, s'interrompant parfois pour nourrir le bébé qui dort à la lisière du champ. Deux années passeront, peut-être trois, et la terre ainsi défrichée s'en ira rejoindre la rivière qui coule en contrebas. Malgré la loi népalaise, les hommes continuent de gagner sur la forêt pour subvenir à leurs besoins. Ils coupent aussi les arbres pour entretenir leurs feux et les villages sont souvent cernés de grands éboulis beiges, inquiétants.

«Bien sûr! s'écrie Ourting. Mais si on ne coupe pas les arbres, on n'aura pas de terre! Sans terre, pas de millet et sans millet, on meurt!»

Et il éclate de rire.

Il rit, comme tous ces Tibétains au fatalisme joyeux, mais lui, comme les autres, comprend que le problème est crucial, qu'il l'a toujours été. La terre ne suffit pas et il vaut mieux que beaucoup des enfants meurent jeunes. C'est la loi.

Ceux qui vivent, eux, aident leurs parents dès qu'ils sont en âge de le faire. Moissonner, semer, labourer, planter, reconstruire les terrasses, mener la vache aux champs. Après les récoltes, il faut couper la paille, l'entasser, l'embraser, pauvre engrais pour une terre qui s'épuise à mal nourrir ses hommes. Puis on doit étaler sur le sol ces tas noirs et consumés, les mêler aux feuilles mortes et aux aiguilles de pin que les filles ont ramassées en forêt et qui ont séjourné sous la maison, servant de litière au cochon, les répandre en fine couche qui nourrira la terre. Puis de nouveau, planter, semer, récolter, labourer. Le coffre à farine est souvent vide avant que ne soit moulu le grain de la récolte suivante. En plus des travaux de la terre, il faut battre le grain, le vanner, le moudre, et chacun accomplit son travail d'un bout à l'autre. Chaque homme, chaque enfant, est tour à tour laboureur, moissonneur, vanneur, meunier. Après l'époque des moissons, les moulins ne suffisent plus à satisfaire tous les besoins et les femmes partent souvent à la nuit, enroulées dans leur châle, portant le *doko* rempli de millet pour aller faire la queue à la rivière.

Les lamas eux-mêmes conduisent parallèlement leurs fonctions religieuses et le travail aux champs. Tous les représentants religieux de la haute vallée de la Tsangbou appartiennent à la secte Nyingmapa, qui les autorise à fonder une famille et à travailler au-dehors. S'il n'en était pas ainsi, on se demande comment les pratiques religieuses auraient pu survivre dans cette région, car il serait bien lourd pour les communautés de prendre leurs prêtres — elles en ont souvent quatre ou cinq — en charge. Une partie non négligeable du produit de la terre est réservée aux offrandes pour les dieux et les démons et servira au paiement des lamas ou des chamans qui officient lors des cérémonies. Les familles ne pourraient pas, en plus, subvenir aux besoins quotidiens de leurs lamas.

Et chacun, outre ses travaux d'agriculture, se doit de connaître les mille métiers dont il a besoin. Tour à tour, il manie la hache, la quenouille, le couteau, il tresse le bambou en hottes, en barrières, en nattes. Seuls quelques corps de métiers bien spécifiques sont représentés. Danène, quand il n'est pas aux champs, devient menuisier, et charpentier si une maison se construit. Ourting, le secrétaire du village, est en même temps tailleur et sa tâche consiste surtout à coudre les coiffes des femmes de la Tsangbou. Passang fabrique les bottes de feutre à semelle de cuir raide. Dans la force de l'âge, tous les hommes, et parfois les femmes, sont porteurs de temps en temps, selon les besoins financiers du moment, pour empocher quelques roupies au prix d'une longue marche avec quarante kilos sur le dos... Seul le forgeron, dont le métier est méprisé des Tibétains, vient de l'extérieur. C'est toujours un Népalais de basse caste, le *gara*, qui se déplace de village en village avec sa famille et passe trois jours ici, quatre là, pour réparer les charrues ou les couteaux en échange de quelques mesures de farine. De tous les villages de la vallée, Pibou est le seul dont les habitants aient une occupation plus importante que la terre. C'est d'ailleurs un lieu différent de tous les autres, un village comme oublié, un village du bout du monde.

Trente maisons, encerclées de vallées encaissées et de montagnes couvertes d'épaisses forêts, au pied de la frontière. Trente maisons longues, un peu bancales, dont le toit et les murs sont souvent taillés dans du bois doré par le temps.

La pente y est si rude que les demeures, prolongées parfois par un balcon de bois, prennent appui sur des piliers. Elles y sont plus grandes qu'ailleurs, car elles servent également d'entrepôts: c'est en effet à Pibou que s'arrêtent les caravanes conduites par les Tibétains chinois et c'est dans ce village que s'effectuent la plupart des échanges: le sel tibétain contre les céréales népalaises. Ce qui confère aux habitants une mauvaise réputation. Dans toute la vallée, on dit d'eux qu'ils sont des *lobi manché,* des avares, extrêmement durs en affaires et d'une probité discutable.

Mais à Pibou aussi, entre les sentiers escarpés et les gros rochers gris, les hommes arrachent de quoi subsister. Aucun morceau de terre, si petit soit-il, n'est laissé à l'abandon. Souvent, les hommes sont absents, partis vers le nord ou le sud pour commercer. Ce sont alors les femmes et les enfants qui travaillent la terre, l'aîné donnant l'exemple au plus petit. Là comme plus bas dans la vallée, pourtant, chaque famille ne disposant que de peu de champs, on vient à bout du travail relativement vite et l'on a du temps à consacrer au reste, surtout en hiver où les soirées sont si longues...

Dans la Tsangbou, mieux peut-être que partout ailleurs, on sait se détendre après l'ouvrage, on sait rire, profiter du repos. Les hommes travaillent dur pour se nourrir, d'autant plus dur que leurs méthodes sont archaïques et leurs possibilités réduites, mais ils ne dépensent pas toutes leurs forces ainsi. Les Tibétains savent surtout avoir le temps, prendre le temps. Tous leurs gestes sont calmes et mesurés. L'ouvrage ne manque pas, mais il se fait au rythme du jour, au rythme du soleil. Jamais de hâte fébrile, jamais de secousses. Les mouvements sont ronds et souples; un Tibétain qui marche ne pressera le pas que si la nuit approche, car il n'établit pas de course avec le temps mais l'épouse pour mieux en profiter. Souvent, hommes et femmes interrompent leur tâche pour s'asseoir au milieu d'un champ, piquer une fleur dans leurs cheveux et fumer en bavardant. Dans leur dénuement, les gens de la Tsangbou font preuve d'un grand savoir-vivre et savent profiter de chaque instant. Et les moments de bien-être les plus forts s'écoulent souvent le soir, en famille, autour du feu, tandis que cuit le repas ou qu'on le digère tranquillement en prisant ou en fumant.

Comme la terre, le feu représente la vie. Source de lumière, dans ces maisons pourvues de minuscules fenêtres, sans volets ni carreaux, qui laissent passer plus de froid que de jour. Source de chaleur, dans ce pays au climat rigoureux, où les enfants trottent à peine vêtus, où l'on part pieds nus sous la pluie pour ne pas risquer d'abîmer les précieuses bottes. Dans les demeures, tout se passe autour du foyer. Les maisons, elles, ne sont construites que pour servir d'abri à l'homme, aux bêtes et aux provisions. On n'y trouve rien qui puisse les rendre confortables, pas même ces tables basses ou ces bat-flanc que possèdent en général les maisons tibétaines de régions plus riches; pas même de cheminée. Seul, à l'intérieur, le feu rassemble les hommes, bâti sur un carré de terre découpé dans le plancher, contre un mur. La fumée se répand dans toute la pièce, la suie s'accroche aux poutres et le millet sèche dans un grand panier au-dessus des flammes. Il ne viendrait à personne l'idée d'aller s'asseoir ailleurs qu'autour de ce foyer. Au matin, tête ébouriffée et corps frissonnant, le soir, las et courbatu mais tranquille, on s'y serre, en famille, les paumes tendues vers la flamme où éclate le maïs qui grille dans la poêle pour le petit déjeuner, où cuit la *toua* du soir. C'est là que l'on se repose des fatigues du jour, c'est là que l'on discute de la récolte à venir ou des projets de demain.

Lorsqu'il pleut au-dehors, le village est désert. Les bambous des toits forment des gouttières inégales et l'eau s'écoule en filet continu. Les ruelles ne sont plus qu'un torrent de boue, les porcs eux-mêmes ont cherché l'abri des demeures et se sont réfugiés sous les escaliers. La manche de sa veste en guise de capuche, une ombre traverse la place et disparaît derrière une maison. Il n'y a pas d'autre bruit que celui de l'eau et des portes qui battent au vent. Alors les hommes se rassemblent autour du feu, claquant des dents, leurs vêtements fumant à la chaleur. Ils prisent et filent, muets, le regard fixé sur la flamme rouge qui les protège, en attendant que cuise le repas. Le corps noyé dans la fumée et le visage cramoisi, les enfants ressemblent à des génies de légende. D'un mouvement rond et lent, la mère tourne la farine dans la marmite d'eau, jusqu'à ce qu'une pâte épaisse se forme, qu'elle écrase, pour mieux la cuire, sur les rebords brûlants de la marmite. Chacun reçoit un bol de sauce au piment et un gros morceau de toua qu'il avale très vite, en silence. C'est là tout le dîner. Les gens de la Tsangbou sont trop pauvres pour pouvoir s'offrir autre chose. On ne boit chez eux que bien rarement le thé beurré et salé, breuvage favori des Tibétains qui, lorsqu'ils en ont la possibilité, en boivent plusieurs dizaines de tasses par jour.

Même dans les familles dont le dénuement est tel qu'il en est douloureux, il règne autour du feu un bien-être étonnant, presque palpable. Le repas terminé, on s'étend à demi pour fumer rêveusement, une voisine arrive, on bavarde, on éclate de rire. Oubliés la faim qui tient au ventre et les soucis de la journée. Et lors des voyages, lorsque prend fin la longue marche harassante, lorsque l'on pose son fardeau au coucher du soleil, le premier geste est de couper du bois, d'allumer le feu et de s'assembler autour, silencieux ou bavard, pour goûter du repos.

Pourtant, le feu même est un luxe. Dans certains villages, le bois est devenu si rare qu'il faut marcher longtemps pour en trouver. Chaque maison dispose d'une provision importante qu'on ne cesse de renouveler, car il faut donner aux bûches le temps de sécher. Et le feu, comme l'eau, s'utilise parcimonieusement. Jamais on ne l'allume hors des moments des repas, sauf si l'on accueille un hôte et qu'on lui offre le chang, sauf s'il pleut à verse tout le jour et que l'on se tient, par force, à l'intérieur. Les tout-petits, comme les grands, respectent vite cette économie mais savent aussi bien que leurs aînés allumer un feu, l'attiser et l'entretenir.

Dans la haute vallée, on ne vit qu'en deux endroits: en plein air — sur les terrasses ou aux champs — et autour du feu;

exception faite pour les vieux et les bébés qui demeurent presque tout le jour autour de la maison.

Et c'est encore le feu qui préside aux grands rassemblements de la communauté, aux danses, aux cérémonies religieuses. Élément vital, il est aussi purificateur; on fait appel à lui dans les exorcismes, et c'est lui qui consume les morts.

L'allumette est une denrée précieuse et chère dans la haute vallée et, plutôt que d'en utiliser, on va chercher le feu dans les braises d'une maison amie, à l'aide d'un bouquet de bambous secs qui s'embrase violemment. Quant aux hommes, ils portent tous à la ceinture, dans l'étui de leur *koukouri* (le grand couteau arrondi) un morceau d'étoupe et une lame qu'ils battent avec un silex. Ils enflammeront leur bois même sous une pluie battante, pourvu qu'ils trouvent deux brindilles sèches et l'abri symbolique d'un surplomb de rocher.

La vie en pleine nature n'est pas pour effrayer les Tibétains, qui savent admirablement tirer parti de ses ressources. Qu'ils soient chez eux ou en voyage, ils vivent au rythme du jour, se levant à l'aube, au chant du coq, prolongeant à peine les veillées de la durée du feu. De la terre, ils tirent leur nourriture; de la forêt, leur combustible, les baies rouges ou bleues qu'ils croquent en friandise, le compost d'aiguilles pourries et de feuilles mortes qui engraissera leurs terres. De l'eau, leurs irrigations, particulièrement nécessaires lors de la culture du riz. Tout est utilisé, rien n'est perdu. Avec les cendres, on fait la vaisselle et les rares lessives; les tiges du millet récolté sont laissées en pied dans les champs et servent de pâture aux vaches. Pourtant, les hommes doivent se plier aux lois, humaines ou naturelles, qui mettent en danger leur équilibre. Ils n'ont plus le droit de chasser et c'est un complément de nourriture qui leur fait défaut; ils sont impuissants devant les attaques de prédateurs comme les ours ou les cerfs qui dévastent chaque année un bon tiers de leurs récoltes. Quant à leurs propres vaches, elles s'égarent souvent dans les champs en moisson, abîmant ou croquant nombre d'épis sur leur passage.

Face à cela, les Tibétains haussent les épaules. Ils acceptent ces pertes comme inévitables, comme ils accepteront celles causées par les souris dans leurs greniers à grain. La lutte est perdue d'avance, alors à quoi bon la mener?

«Ça ne sert à rien, explique Foudère en haussant les épaules. Quand je surveille une vache, l'autre s'en va de son côté.»

Et les luttes perdues d'avance sont nombreuses en pays tibétain. A quoi bon laver une main, si l'on doit remuer le feu après? Pourquoi nettoyer une cheville alors qu'on pataugera dans la boue en revenant de la source? L'eau est rare et précieuse, il faut aller la chercher assez loin. Alors, la vaisselle se fait avec trois gouttes au bord du foyer et la toilette de temps en temps — quand on se sent vraiment trop sale et que le soleil veut bien se montrer —, à l'aide d'une bassine à demi remplie d'eau qui servira à laver le visage, les mains, le torse et les cheveux. Comment pourrait-il en être autrement, alors qu'à la moindre pluie la boue inonde le village, que la fumée envahit toute la demeure avant de s'échapper par les interstices des toits, que la suie pend en dentelle noire sous les poutres, que la maison est remplie d'une poussière apportée aussi bien par les hommes que par le chien, le vent, les poules ou le bois? Les visages portent souvent la trace d'une traînée de farine ou d'un doigt mal essuyé. Mais chaque jour, on balaye la maison et les bols sont toujours scrupuleusement rincés avant d'être remplis et offerts aux hôtes.

C'est peut-être aussi leur lutte perpétuelle contre la misère qui fait des Tibétains ces grands seigneurs, avares parfois, mais souvent capables d'élans de générosité grandioses. Au-delà même de l'accueil que l'on se doit de réserver à tout hôte, les hommes de la Tsangbou savent offrir et peuvent dépenser en une seule fête les provisions des semaines à venir. Un soir, alors que nous rentrions chez nous, une femme s'est approchée et nous a invités à la suivre. Elle a sorti sa mesure de bois, l'a remplie de riz et nous l'a tendue. Il n'était pas question de refuser ce cadeau précieux et nous avons dû ouvrir nos poches pour le recevoir. Nous ne connaissions cette femme que pour l'avoir croisée une ou deux fois dans le village. Elle ne nous a rien demandé en échange, pas même un médicament, et s'est contentée de sourire quand nous l'avons remerciée.

Jamais on ne laissera quelqu'un entrer dans sa maison sans lui offrir le chang, l'alcool de millet tiède que l'on presse dans un grand filtre de bambou. «Mê, Mê!», non, ce n'est pas la peine! s'écrie l'hôte. «Chê! Chê!», prenez, mangez, buvez! insiste la maîtresse de maison qui finit presque toujours par avoir gain de cause et fait griller des haricots de soja pour qu'on les grignote en sirotant l'alcool. Et aucune conversation sérieuse ne s'entame sans que l'on ait pris le temps, d'abord, de boire ou de manger ensemble, de faire connaissance ou de renouer les liens autour du feu et du repas quotidiens.

LES DIEUX ET LES DÉMONS

«Chez nous, à Pibou, il n'y a pas de démon. Nous n'avons pas besoin de lobène (chaman)!», s'est écrié Passang Tektek. Pibou, décidément, se démarque des autres villages. Partout, dans la haute vallée de la Tsangbou, les lobènes tiennent une place importante, et ont un rôle aussi essentiel aux yeux des gens que les lamas.

Les hommes de la vallée ont pour lamas des prêtres qui appartiennent à la secte Nyingmapa. Cette secte s'instaura lors de l'arrivée du bouddhisme au Tibet, où ne régnait encore qu'une religion de type animiste, qui portait le nom de Bôn. La nouvelle religion se répandit rapidement sous l'égide de Padma Sambawa, mais conserva et respecta une grande partie des rites d'exorcisme que comportaient les pratiques Bôn.

Qu'en est-il aujourd'hui dans la haute vallée de la Tsangbou? La plupart des monuments religieux, construits lors de l'arrivée des Tibétains au Népal, temples, chortens, murs de Mani, tombent en ruine ou sont très mal entretenus. On distingue difficilement les religieux des laïcs, car les prêtres ne portent plus de costume, sauf lors de danses ou de cérémonies particulières. Ils n'ont conservé que leur bonnet de lama, que l'on retrouve parfois perché sur la tête des enfants. L'art religieux, une des seules formes d'expression artistique, a complètement disparu: ceux qui peignaient autrefois les Thankas, ceux qui gravaient les planches de bois qui serviraient à imprimer des tissus ou des papiers de symboles religieux, ceux qui sculptaient les masques n'ont pas laissé de disciples et leur science s'est éteinte sans que personne ne prenne la relève. La religion n'est plus assez soutenue par les hommes et il semble qu'aujourd'hui, très éloignée de la voie bouddhique, elle se rapproche de plus en plus de l'animisme et soit devenue essentiellement pratique, moyen de soulager maux et soucis, de résoudre les problèmes quotidiens. Les hommes ont quitté le Tibet depuis trop longtemps pour avoir été influencés par les grands courants spirituels qui l'ont marqué.

Dans la Tsangbou, les cérémonies sont souvent présidées par des lamas et des lobènes, sans qu'il soit facile de définir le rôle exact de chacun. Une femme dont l'enfant est malade fera aussi bien appel au souffle purificateur du vieux lama qu'à celui du lobène. Pourtant, Tilène, le parrain des villages, ce lama qui dans son enfance a étudié trois ans au monastère tibétain de Rongbuk, marque une distinction très nette dans leurs rôles respectifs.

«Le lobène, c'est un tueur de poules!», dit-il. Et c'est là

une appréciation assez péjorative. Le bouddhisme, religion de douceur, interdit en effet à ses adeptes toute forme de sacrifice. Et, sans condamner les pratiques Bôn, qui exigent de nombreuses offrandes de sang, le lama se garde bien de les imiter. Pour les habitants de la Tsangbou, le monde est peuplé de déités qui se font tour à tour bienveillantes ou malfaisantes selon qu'on les aura apaisées par des offrandes propitiatoires ou offensées par un manque de respect à leur égard. Leur présence permanente dans l'esprit des hommes influence leur vie quotidienne et se traduit par quantité de gestes destinés à apaiser les dieux.

Tilène Lama est chargé de dresser le calendrier de tous les événements importants qui prendront place dans la vallée. C'est lui qui décide de la date des labours, de celles des moissons ou des fêtes. Avant les semailles, il procède à la bénédiction des champs, ainsi qu'il le fera sur le terrain d'une maison à construire.

Mais en dehors de ces événements occasionnels, la vie quotidienne est remplie de gestes symboliques à l'intention des dieux. Jamais les hommes ne boivent de chang sans en disperser quelques gouttes dans les airs; lorsqu'ils doivent traverser un pont, ils placent une brindille entre trois cailloux afin que le démon reste de ce côté de la rivière et ne les accompagne pas dans leur traversée ni par la suite. «Tcheu!», a crié Tsétène en jetant dans le feu une pincée de farine. Et, comme nous nous étonnions de ce cri, il a expliqué: «Mais si je ne dis pas que mon offrande est destinée aux dieux, qui viendra la manger? Peut-être un démon!»

Chaque maison, ou presque, contient au fond de la pièce un petit autel de bois où sont exposés quelques *parchings*, gravures sacrées, des offrandes, un bouquet de fleurs séchées, des statuettes et les rituels bols remplis d'eau. Sur chaque porte on retrouve, accroché au-dessus du seuil, le dessin imprimé à l'encre qui écartera la maladie et détournera les voleurs. Et ce peuple, peu pratiquant extérieurement, aux mains duquel nous n'avons jamais vu un moulin à prières, vit constamment sous la protection et la menace des dieux et s'entoure de toutes les précautions pour écarter le mal. Il faudrait des pages entières pour citer toutes les amulettes. Depuis le pendentif de papier que porte chaque personne dès sa naissance, soigneusement confectionné par Tilène Lama ou l'un des autres prêtres, tressé de fils de couleur et renfermant des symboles mystérieux, jusqu'au morceau de papier imprimé qu'il faut manger pour combattre telle maladie ou brûler pour vaincre telle autre, il existe mille façons d'apaiser les dieux, mille recours contre ceux qui se montrent offensés.

Le peuple de la haute vallée, dans sa sagesse séculaire, reste ignorant de tant de choses qu'il lui faut bien trouver une explication à ce qui le frappe. Impuissants devant les caprices de la nature, comme les glissements de terrain, l'action des prédateurs ou les mauvaises récoltes, les hommes d'aujourd'hui demeurent aussi désarmés devant les maladies, les accidents. Autrefois, certains d'entre eux connaissaient le pouvoir des plantes, mais les lamas ont perdu cette science.

«Partsime, le père de Tilène, c'était lui mon maître, raconte Ourting. Nul n'était plus grand que lui; il était lama mais aussi médecin, il connaissait les herbes et les plantes qui guérissent et les gens venaient de partout, même d'en haut [le Tibet] pour le consulter. Il n'a pas livré ses secrets, il a emporté sa science avec lui, quand il est tombé dans la rivière avec son cheval. Maintenant, on ne sait plus, on ne connaît plus les médecines...»

Pourtant, Gourou, le riche *moukio* (sage) de Damdangma, a constitué sa fortune grâce à la cueillette du *kourki* en montagne. Mais ces herbes médicinales sont désormais expédiées vers le sud, où elles se vendent bien, ou directement en Inde. Aujourd'hui, situé à cinq jours de marche du côté népalais ou à deux jours du côté chinois, l'hôpital existe pour venir en aide aux hommes. Mais les Tibétains de la haute vallée, bien qu'ils aient perdu leur savoir ancien, refusent aussi le nouveau. Ils sont bien peu à aller se faire soigner, même lorsqu'ils descendent au bourg pour une autre raison. Alors, ils réparent les foulures en y appliquant le fer rouge et soignent les maux de ventre ou tout autre malaise par des cérémonies d'exorcisme fort spectaculaires, dont je ne peux dire si elles sont efficaces ou non. Le principe en est simple, malgré un rituel extrêmement complexe et rempli de symboles. Il s'agit de reconnaître le démon malfaiteur, de l'appeler par des incantations, de le séduire par des offrandes, puis de le retenir prisonnier dans un entrelacement de ficelles et de le détruire.

La nécessité, le besoin d'expliquer bon nombre de phénomènes, mais aussi une croyance aveugle dans un monde surnaturel et dans la puissance de leurs chamans font que ces pratiques restent très importantes au cœur et dans la vie des Tibétains de la Tsangbou. Mais si importantes qu'elles soient pour chacun individuellement, elles possèdent aussi un caractère social indéniable, parce que les cérémonies religieuses sont les seules occasions de rassemblement, de fête, de danses et, bien sûr, de festins et de beuveries. Et cela à tous les niveaux, qu'il s'agisse d'un exorcisme pour un malade, d'une cérémonie de divination, de la purification d'une maison ou de celle d'un village entier comme Gompa, dont la fête dure six jours sous la direction de Djabou, le grand lama du village.

«Il y a sept générations vivait ici un lama,
qui habitait en ermite, dans la forêt.
Il avait quitté le Tibet pour être seul et tranquille,
et il passait sa vie en méditation.
Ses pouvoirs étaient grands,
si grands que le roi Rajendra en entendit parler.
La femme du roi était malade,
personne ne parvenait à trouver la cause de son mal,
et le roi envoya chercher l'ermite,
qui s'appelait Dawa Lama,
pour qu'il vienne au secours de la reine et la guérisse.
Mais avant de lui confier sa femme,
le roi voulut mettre Dawa Lama à l'épreuve.
Il confia le bout d'un fil à Dawa Lama,
en lui disant que la main de la reine était attachée à l'autre bout,
et le pria de deviner quelle était la maladie.
En fait, il avait attaché une meule à l'autre bout du fil.
Mais Dawa Lama découvrit la supercherie,
il dit qu'on l'avait relié à une meule.
Le roi le mit une deuxième fois à l'épreuve,
en attachant un chat au bout du fil,
puis une troisième fois en y attachant un pigeon;
mais à chaque fois, Dawa Lama comprit qu'on le trompait.
Le roi, enfin, attacha le doigt de la reine au bout du fil,
et Dawa Lama put deviner la maladie et guérir la reine.
Pour lui prouver sa reconnaissance,
le roi voulut que Dawa Lama devienne
gouverneur d'un pays.
Mais l'ermite refusa car, dit-il:
"Je ne connais pas les choses de la politique."
Le roi voulut lui offrir un territoire, mais l'ermite refusa en disant:
"Je ne saurais pas m'en occuper."
Le roi demanda alors à Dawa Lama ce qu'il voulait.
"Donne-moi une conque, répondit l'ermite.
Je retournerai dans mes forêts, sur le terrain que je connais.
Je soufflerai dans ma conque, et toute la région
qui sera à portée du son m'appartiendra.
— Je te la donne", dit le roi.

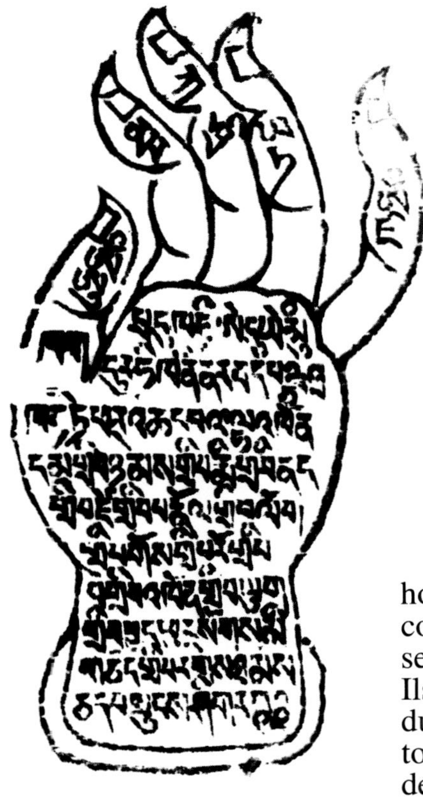

Dawa Lama prit la conque et retourna dans ses montagnes.
Il souffla, et tous les lieux où résonna le son lui appartinrent.
Seuls les habitant de Damdangma et de Tchongdeû
s'étaient cachés au fond de la vallée,
pour ne pas entendre la conque et ne pas dépendre de lui.
Gompa devint territoire sacré.
On ne pouvait pas tuer de bêtes dans l'enceinte du village
et les femmes, leur temps venu, devaient aller accoucher
au-dehors.
Aujourd'hui, on célèbre Tortchiak, la fête au solstice
d'hiver,
qui dure une semaine.
C'est en souvenir du cadeau du roi,
en remerciement du territoire donné par lui à Dawa Lama.
Pendant ces fêtes d'exorcisme,
on détruit les démons de la vallée et du royaume entier,
qui sont ainsi purifiés. »

La tradition s'est conservée. Un mois avant la fête, les hommes de Gompa parcourent les villages de la vallée pour y collecter des dons de nourriture, de millet pour l'alcool, qui seront redistribués pendant la semaine du grand rassemblement. Ils descendent ainsi jusque dans les villages népalais. Au début du mois de janvier, les hommes de toute la vallée montent à leur tour jusqu'à Gompa pour assister aux cérémonies qui se déroulent principalement la nuit, au son des tambours et des trompes, au rythme des danses. C'est l'une des plus grandes fêtes de l'année et les spectateurs sont nombreux à braver l'hiver et les distances pour s'y joindre. Ils logent alors chez des amis, des correspondants, et reçoivent leur part dans la distribution d'alcool et de nourriture, profitant de l'occasion pour faire brûler dans le temple des lampes à beurre à la mémoire de leurs morts.

Cette année, il a fait si mauvais que les lamas se sont inquiétés. Djabou Lama lui-même a hésité à poursuivre les cérémonies sous ces incessantes chutes de neige. Mais les hommes du village ont réagi violemment et l'ont pris à partie, l'accusant de mal tenir son rôle et, malgré la tempête, danses et prières ont suivi leur cours.

Les Tibétains tiennent beaucoup à ce que leurs cérémonies se déroulent sans problèmes, selon la tradition établie, car la signification en est importante. De plus, ils n'ont guère envie de voir s'interrompre une des grandes manifestations de l'année, pour laquelle tous ont versé une participation. Ce serait les priver d'un spectacle rituel auquel ils sont profondément attachés et d'une occasion de se rassembler, de boire, de manger et de danser... Ce genre d'occasions est assez rare dans la haute vallée et ils tiennent à en profiter le plus possible.

Dès qu'une famille organise pour l'un de ses membres un *kourim* (exorcisme) ou une divination, les villageois se rassemblent dans la maison où il a lieu, pour ne pas perdre une seule minute des réjouissances. Pourtant, lors de ces cérémonies individuelles, ne sont nourris que les seuls membres de la famille ainsi que les hôtes de marque invités pour l'occasion. Mais tous y assistent et semblent réunis plutôt dans l'envie de s'amuser que dans le recueillement.

Le recueillement, d'ailleurs, est un terme qui n'a guère de sens dans la haute vallée. Seuls celui ou ceux qui officient et les personnes directement concernées semblent pénétrés de ce qui se passe. Tous les autres, en revanche, y voient plus une occasion de plaisir qu'une manifestation spirituelle. Dès les préparatifs, qui ont lieu dans la maison ou sous une tente de bambou située au-dehors, les enfants se sont rassemblés. Silencieux, sous le regard bienveillant du maître de maison et des hommes chargés d'organiser la fête, ils assistent à l'édification des statuettes de pâte de farine ou de riz, que l'on empile sur un autel dressé au fond de la pièce. Près de ces *tormas*, le lama pose l'aiguière aux plumes de paon, remplie d'eau sacrée, les bols de grain, l'arak fraîchement distillé, les galettes de farine, le maïs, les fleurs, les lampes à beurre. La porte s'ouvre et se referme sans cesse pour laisser passer un nouvel arrivant qui va se faire bénir par Tilène Lama avant de prendre place à terre, au centre de la pièce. Les femmes de la maison s'empressent, déposent devant leurs hôtes un bol de chang tiède où surnagent quelques grains de millet. Les enfants se poussent, avancent d'un pas, d'un autre, et forment bientôt autour de l'autel une ronde attentive et excitée.

Dès que le soir tombe, Passang allume une à une les lampes à beurre et Tcheuki, la divinatrice, se lève, tend son enfant endormi à une femme et vient s'asseoir entre l'autel et le grand tambour suspendu au plafond. Elle saisit la baguette recourbée et commence à frapper la peau d'un rythme régulier et lancinant. Comme attirés par le grondement envoûtant du tambour, les villageois arrivent un à un et se font une place dans la maison.

Les yeux fermés, la *kendoma* chante en se balançant lourdement sur son siège, imprimant à la foule un rythme lent; autour du foyer, les femmes s'agitent, la maîtresse de maison fait circuler les assiettes de riz et les bols de sauce, verse de l'eau chaude dans les tomgbas. Deux fillettes font le va-et-vient entre le foyer et l'escalier, et rapportent des bûches au feu en se frayant un chemin à grands coups de coude. Seule, la malade dont on va lire l'avenir et reconnaître le démon, joint les mains, la tête inclinée; mais Tilène Lama, son mari, déjà gris, fait des grimaces pour amuser la foule et entame une altercation avec son fils. Leurs répliques sont ponctuées des cris de joie de l'assistance, qui s'amuse bien plus de la dispute que du chant monotone de la divinatrice. Les yeux fermés, comme lasse et imprégnée de rythme, celle-ci se balance sur son siège. La baguette se fait légère, à peine audible sur la peau, et la femme semble s'appuyer sur le son qui s'évanouit. Elle s'affaisse contre le mur, dans une extase silencieuse, et le frisson qu'elle tire du tambour part traverser la foule.

Tout à coup, c'est le silence. L'atmosphère se détend imperceptiblement, les bouches s'allongent vers les pailles des tomgbas. Les lamas se saluent front à front, dans de grands plongeons déséquilibrés par l'ivresse. Sans se soucier de la femme qui a repris son chant et en qui, lentement, une déesse s'incarne, hommes et femmes bavardent, commentent la scène, les filles se poussent sans douceur. Pourtant, dès que la kendoma se lève pour cracher du chang sur la foule, les femmes se penchent, tendent leur bébé en avant, pour recevoir quelques gouttes. Ainsi purifiés par l'alcool qu'elle a tenu en sa bouche, les membres de la famille s'épanouirent comme des fleurs… Et l'émotion générale atteint son comble lorsque, armée de tisons brûlants qu'elle fait claquer dans l'air, la divinatrice projette des braises sur l'assistance. Cris de joie et cris de peur se mêlent, chacun s'écarte vivement, se lève en hâte pour éteindre les braises, secouer ses cheveux, piétiner la couverture qui commence à brûler. Les bébés hurlent de terreur, une femme court après sa coiffe qu'elle a perdue dans la mêlée, une autre garde les mains jointes et la tête respectueusement baissée. Et tandis qu'hommes, femmes et enfants s'agitent dans cette ronde affolée, tandis que Tilène médite son ivresse et que son voisin ronfle la bouche ouverte, la divinatrice regagne sa place; sereine, le visage détendu, elle ouvre sa blouse pour donner le sein à l'enfant qu'on lui tend.

Une fois l'an, après les labours, chaque maison à son tour doit être débarrassée des démons qui la hantent et menacent la famille. Dans un kourim qui va durer toute la nuit, lamas et lobènes rassemblés manient le tambour et les cymbales et psalmodient les textes sacrés. Assis autour du foyer que l'on a bâti sur des mottes de terre posées au milieu de la pièce, les yeux

agrandis de curiosité devant ces manipulations étranges, les enfants de la maison se tiennent calmes et les bébés s'endorment au rythme des tambours et des litanies. Mais les aînés ont bien trop à faire pour se consacrer au spectacle; ils apportent de l'eau tiède dans les tomgbas, raniment les braises, servent à manger aux officiants, et veillent constamment à la bonne marche de la cérémonie. Cette agitation n'est guère propice à un recueillement, quel qu'il soit. Les lamas eux-mêmes, au cours de leur office, aiment à se détendre en buvant une gorgée d'alcool, ou en plaisantant. Ce soir-là, Tsiring a repoussé son livre et nous a montré les barrières de bambou et de ficelle qui retiendraient le démon prisonnier.

«Là, au milieu, le démon va se fâcher!» s'est-il écrié. Et dans un éclat de rire, il a repris ses cymbales et entonné sa psalmodie. Pour les profanes non éclairés dans la signification des pratiques religieuses que sont la plupart des habitants de la Tsangbou, les cérémonies sont très spectaculaires. Il faut dire que les rituels d'influence Bôn sont extrêmement complexes et qu'à chaque démon, chaque exorcisme, chaque situation correspondent des gestes, des attitudes, des offrandes ou des lectures différents. Les spectateurs connaissent le déroulement des cérémonies par la force de l'habitude, car ils y ont assisté à plusieurs reprises, mais leur compréhension des phénomènes et des symbolismes est toujours très primaire. Pour eux, le démon ou le dieu s'incarne réellement, prend véritablement possession, par exemple, des statuettes qui lui sont offertes en substitut de la personne malade. Les lamas ou les personnalités religieuses ne sont pas aussi crédules, ainsi que nous l'a prouvé une remarque de Tsiring, au cours d'un exorcisme. Il a désigné la torma de farine qui devait être offerte au dieu et a dit en souriant: «En fait, le dieu n'est pas là; il est dans nos cœurs, dans nos esprits…»

Pourtant, les prêtres eux-mêmes n'ont reçu qu'une éducation sommaire pour les préparer à leur fonction. Du temps de Tilène, il y a soixante ans, on envoyait encore les enfants étudier dans les monastères du Tibet. Ils en revenaient après trois ou quatre ans, avec une connaissance très relative de leur religion, mais suffisante pour l'appliquer dans leur communauté et satisfaire à ses besoins. Aujourd'hui, les événements politiques font que l'étude de la religion dans les monastères tibétains est devenue impossible. Les jeunes apprennent par l'exemple, en regardant faire les anciens, ou lors de retraites où on leur enseigne à lire les livres ; ils comprennent vaguement les symboles des statues mais en retiennent plus l'aspect extérieur que le message. Quant aux lectures sacrées, ils ne font qu'en retenir les sons par cœur en suivant du bout des doigts leur image transcrite sur le livre, sans pour autant en comprendre le sens. Il est vrai que, même au Tibet ancien, seuls les lamas les plus instruits pouvaient comprendre ce qu'ils lisaient.

Quelquefois, les lamas de la vallée combinent la fonction de lobène à celle de lama. Ils se gardent bien, toutefois, de tuer de leurs propres mains les animaux dont le sacrifice est nécessaire aux cérémonies d'exorcisme. Leur pouvoir ne fait que s'accroître aux yeux des hommes, qui font appel à eux pour tous les cas qu'ils pensent ne pas pouvoir résoudre eux-mêmes.

L'importance de ces croyances encore primitives dans des puissances surnaturelles, l'explication qu'elles fournissent à tous les événements, bienfaisants ou maléfiques qui marquent leur vie, poussent les hommes de la Tsangbou au fatalisme. Elles les empêchent peut-être, au départ, de chercher à ces maux des raisons auxquelles ils parviendraient à apporter eux-mêmes des solutions, et de reconnaître leurs responsabilités. Mais c'est un fatalisme que l'on pourrait souvent traiter d'optimisme, tant il est teinté de gaieté, et tant il aide les hommes à mieux supporter leurs maux.

LES JOIES ET LES PEINES

A la mort de ses deux vaches, qui représentaient presque toute sa fortune, Danène n'a pas semblé particulièrement ennuyé. Et comme nous nous inquiétions de cette perte, il a haussé les épaules et rétorqué : « Ça ne fait rien, nous aurons de la viande ! » En effet, les bêtes avaient déjà été dépecées un peu en contrebas de la maison et Ongmau, sa femme, se chargeait de vendre la viande aux voisins accourus pour profiter de l'aubaine. Danène savait bien, pourtant, que ses vaches lui manqueraient cruellement par la suite, lorsqu'il aurait besoin de fertiliser ses champs. Il savait aussi qu'il n'aurait vraisemblablement pas les moyens d'en racheter, à moins d'un gain providentiel ; mais la prévoyance ne fait pas partie du tempérament des Tibétains. A chaque jour suffit sa peine, sa joie ou son souci. Le soir, la famille a festoyé ; les restes ont été mis à sécher au-dessus du feu et Kassin, le dernier-né, a joué pendant trois jours avec la patte d'une des vaches. Tous ont accepté ce mauvais coup du sort, comme on les accepte toujours en pays tibétain. Ce fatalisme a du bon, par certains côtés : les *latos,* enfants anormaux, sont respectés par leur famille comme des êtres simplement un peu moins forts, un peu moins intelligents que les autres, qui ne sauront pas se suffire à eux-mêmes et resteront à la charge de leurs parents, mais tout aussi dignes de vivre et d'avoir leur place au foyer que leurs frères et sœurs. Ils sont d'ailleurs adoptés par toute la communauté du village, qui prend soin d'eux et les taquine gentiment sans jamais créer une distance dont ils pourraient souffrir. Il est rare qu'ils soient en butte à la cruauté des enfants et les familles où ils sont nés ne se considèrent pas comme diminuées ni honteuses par rapport à celles dont les enfants sont tous en parfaite santé.

Les différences ressortent peu, d'ailleurs, dans le système de vie communautaire des Tibétains de la Tsangbou, où il est même difficile de percevoir une hiérarchie. Toutes les demeures y sont de taille égale, semblables extérieurement, souvent pareilles intérieurement. Il n'est aucun étalage voyant de richesses, pas d'accumulation de cuivres qui sont souvent la marque de la fortune dans d'autres vallées de culture tibétaine, ni de tissus. Les femmes portent leur fortune sur elles, dans ces lourds colliers d'ambre, de turquoise, de coraux et d'argent qui sont de tradition au Tibet, mais rares sont celles qui n'en possèdent pas un. La richesse des gens se juge plutôt à l'abondance de leurs récoltes et de leurs provisions, à la superficie et à la qualité de leurs terres. Les gens de la Tsangbou savent très bien, dans un village ou de l'un à l'autre, qui est riche et qui ne l'est pas, mais jamais leur orgueil n'est blessé par une démonstration ostensible de cette différence, que les nantis eux-mêmes ne tiennent pas à mettre en évidence.

C'est la sagesse ainsi que l'expérience, plutôt que les richesses (quoiqu'elles soient souvent liées), qui attirent le respect; les lamas, en tant que détenteurs de pouvoirs et représentants religieux, sont souvent l'objet de considération.

A Pibou, où les gens sont pourtant réputés pour être particulièrement avares, l'arrivée de Nawang Lama chez Passang Tektek est un événement important. L'eau est mise à chauffer, la tomgba de bois remplie de millet fermenté. La femme époussette une vieille couverture pour le faire asseoir et chacun s'agite autour du feu pour satisfaire le grand homme. Pourtant, ce n'est un secret pour personne au village que ce lama «mange le bien de la Gompa» et que son intégrité n'est pas à toute épreuve. Mais on le respecte tout de même, du moins officiellement...

En dehors de ces obligations, la vie communautaire des gens de la Tsangbou tourne surtout autour de la famille, qui tient un rôle très important. Les petits, les adultes et les anciens vivent tous ensemble, partagent le même toit et la même nourriture. Dès qu'un vieux parent se retrouve seul, il reçoit l'hospitalité de son fils pour terminer ses jours tranquille. Chacun a son rôle à jouer dans la bonne marche de la maisonnée. Pendant leurs premières années, dès qu'ils n'ont plus besoin régulièrement du sein maternel, les enfants sont confiés à la garde d'un aïeul ou, si celui-ci vient à manquer, à celle d'une sœur ou d'un frère plus âgés. Les tout-petits, eux, restent constamment avec leur mère, qui les transporte sur son dos ou dans un berceau de bambou tout en vaquant à ses occupations. L'éveil des enfants et leur éducation se font doucement, par l'exemple et l'expérience, ou par l'observation, dès leur plus jeune âge, des coutumes de la communauté. Les parents n'interviennent presque jamais pour enseigner ou pour punir et, dès qu'ils en sont capables, les enfants tentent de participer au travail en mimant les gestes de leurs aînés. Kassin le turbulent n'a reçu qu'une seule fessée dans sa vie, le jour où il avait maladroitement renversé son plat de riz et où il riait de sa bévue. Dans ce pays pauvre, toute forme de gâchis est condamnée mais en dehors de cela c'est à chacun de découvrir tout seul, en suivant l'exemple des plus grands, comment il peut se rendre utile à la communauté et apprendre à se suffire à lui-même.

Les punitions sont rares dans la haute vallée, mais les gestes de tendresse aussi. Les bébés ont le privilège de pouvoir s'asseoir sur les genoux de leur père et d'aspirer un peu d'alcool par la paille de sa tomgba en se hissant sur la pointe des pieds, mais dès qu'ils grandissent, on ne se permet plus de leur donner de marques d'affection. Quand il avait trois ans, Kassin montrait ses fréquents mécontentements en bourrant sa mère de coups de poing. Ongmau le laissait faire, un sourire placide aux lèvres et personne n'aurait eu l'idée d'intervenir. Comme il le pouvait et à la mesure de ses forces, Kassin marquait sa place au sein de la famille; ses caprices se sont arrêtés net du jour où une petite sœur est née.

Contrairement à nos pays où les enfants sont pris en main par leurs parents et installés très tôt dans le cadre d'une école, les enfants tibétains sont livrés à eux-mêmes dès leur plus jeune âge et ils disposent de la complète confiance de leurs parents. Tout le jour, après avoir accompli leurs corvées d'eau, de moulin ou de moisson, ils courent par le village, réunis en bandes gouailleuses à l'affût du moindre événement, prêts à rire ou à s'étonner. Les aînés ont le plus souvent la garde d'un bébé, qu'ils portent sur leur dos en le soutenant des deux mains, ou amarré à leur hanche, et le bébé s'accroche de toutes ses forces en tanguant au rythme des courses.

Ces gamins déjà adultes, responsables dès qu'ils sont en âge de s'occuper d'un petit, restent pourtant enfants dans leurs jeux, dans leur curiosité toujours en éveil, dans leur effronterie taquine. Petits parents de huit ans, ils retrouvent instinctivement pour leur cadet le geste qui rassure et celui qui fait rire. Avec une sollicitude toute maternelle, ils sèchent une larme, redressent un bonnet, caressent une joue. Ils posent leur petit frère sur le sol pour s'amuser à leur aise, mais ne s'écartent jamais beaucoup et, au premier cri, au premier pleur, accourent pour consoler le bébé et le prendre à nouveau dans leurs bras. Pourtant, leur vie rude fait d'eux des adultes très tôt, puisque chacun ici doit gagner le repas qu'il mange. Leur mère les charge de porter l'eau, de cuire le repas lorsqu'elle s'absente, de moudre le grain ou de conduire les vaches, d'aider aux moissons et aux labours et tous accomplissent leur tâche avec une gaieté puérile et un sérieux précis. Conscients de la valeur d'un grain de riz, habiles très tôt à manier la quenouille ou à tresser les bambous, ils savent que rien n'est dû, ici, que tout se gagne à la sueur du front; dès qu'ils sont en âge de le faire, ils prennent leur part de travail sans rechigner.

La confiance que leur accordent leurs parents se révèle d'ailleurs à chaque instant de leur vie. En dehors des périodes de moisson, ils décident eux-mêmes de leur emploi du temps et de la façon dont ils vont répartir leurs tâches au long de la journée. Lorsqu'un gamin se sent fatigué ou malade, et qu'il décide de rester tranquille chez lui, jamais on ne l'accusera de paresse. La règle du travail est tacitement reconnue par toutes les générations, et c'est un honneur aussi bien qu'un devoir pour les plus jeunes que d'en prendre leur juste part.

A deux ans, sous le regard placide de leur mère, ils manient des couteaux grands comme eux, arrangent le feu, taillent des éclats de bois. Quand ils atteignent trois ans, deux nouvelles naissances au sein de la famille les ont promus au rang de «grands». Rien d'étonnant, alors, si dès cinq ans ils passent la journée à s'occuper seuls, sans faire de sottises, et se partagent entre les travaux et les jeux.

La société d'ici est permissive à l'égard des enfants et ne les met jamais à l'écart. Ils sont de toutes les fêtes, de tous les événements et toujours au premier rang. On leur confie sans hésiter les tâches difficiles et, autant que les adultes, ils connaissent le bon chemin à indiquer et le maniement des outils. Dès leur naissance, les enfants de la Tsangbou ont compris la gravité de leur vie et appris à la regarder avec insouciance. Il reste chez les adultes beaucoup de cette attitude, faite de sérieux et de gaieté, ce mélange de combativité et de démission, qui leur permet d'employer toutes leurs forces dans la lutte pour la survie et, en même temps, de savoir jouir de chaque moment de bien-être sans se soucier du lendemain.

Dans la plupart des villages, il existe des écoles où de jeunes maîtres népalais, souvent soutenus par une vocation étonnante, viennent enseigner en langue népalaise des rudiments de géographie, de calcul, d'écriture ou de lecture. L'école est une organisation respectable aux yeux des familles tibétaines, qui désirent toutes en posséder une dans leur village et participent à la construction ou à l'entretien des bâtiments. Les villageois privés d'école se plaignent de ce manque, car ils se rendent bien compte que l'instruction est une richesse qui prendra de plus en plus d'importance à mesure que la terre ne suffira plus à nourrir

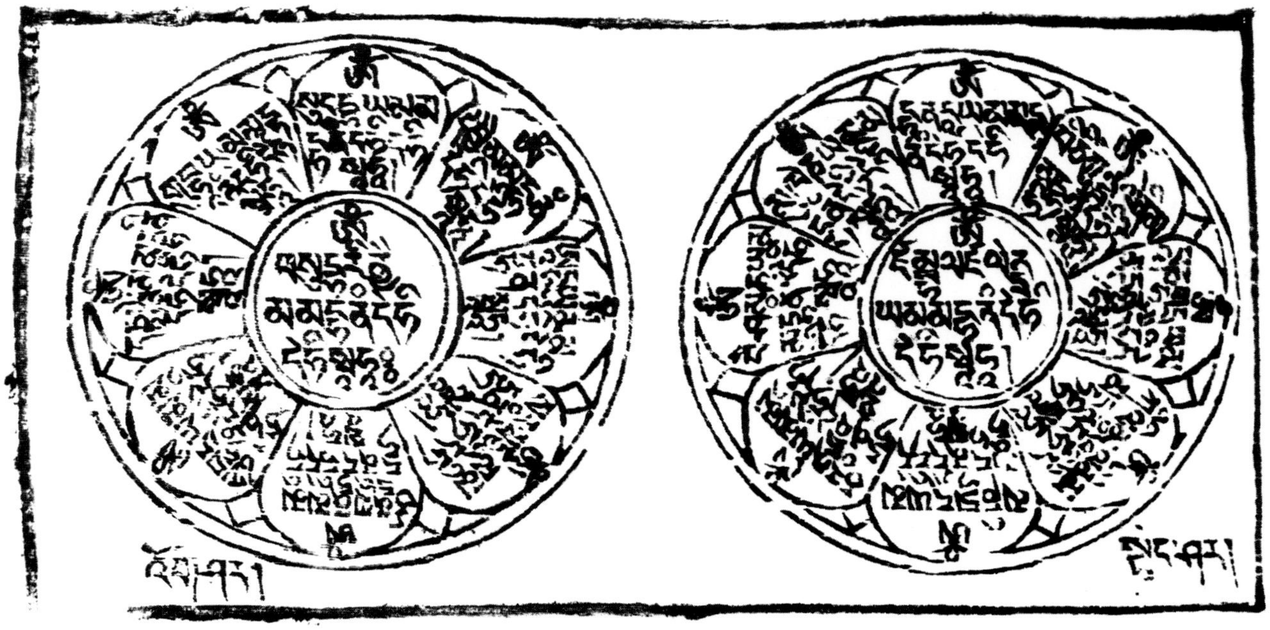

tous les hommes. Mais l'enseignement n'est pas toujours adapté aux besoins. Les enfants n'y trouvent aucune instruction tibétaine et apprennent par cœur des termes qui ne leur serviront sans doute jamais; même les plus doués des enfants restent solidaires des travaux de la famille et ils manquent bien souvent la classe pour se rendre aux champs ou aux moulins. De toute façon, les élèves sont plus souvent des garçons que des filles. Lorsqu'un enfant se révèle intelligent, sa famille peut, si elle en a les moyens, l'envoyer au bourg népalais pour qu'il y poursuive ses études.

C'est ainsi que Djeba, à treize ans, a quitté son village, sa maison, ses parents, le climat rigoureux de ses montagnes, pour aller habiter en pays népalais et continuer ses classes. Il avait souhaité lui-même pouvoir le faire et il s'est installé, conduit par son père, dans un petit hôtel tenu par des Tibétains de son village, qui servait de pension à plusieurs garçons de la haute vallée.

Dès son arrivée, Djeba a souffert de ne pas pouvoir se faire d'amis parmi les enfants népalais de sa classe. Les gens de la Tsangbou sont généralement mal considérés au sud et ce mépris, teinté de jalousie, est d'autant plus violent chez les enfants que les jeunes Tibétains, malgré leur handicap de langue et d'instruction au départ, rattrapent rapidement leur retard et prennent souvent la tête de la classe. Non qu'ils soient forcément plus intelligents que leurs camarades, mais ceux qui sont descendus pour étudier l'ont fait volontairement, au prix de grands sacrifices, et sont prêts à engager toute leur ardeur dans le travail scolaire.

Djeba aime profondément l'étude, mais il a beaucoup souffert de l'éloignement de sa famille et de ses amis, bien que chaque soir il ait pu retrouver un univers tibétain dans sa pension. Les mirages de la civilisation, les transistors, les lampes à pétrole, la nourriture plus variée que chez lui, l'effervescence colorée des jours de bazar n'ont pas eu de prise sur lui et même l'attrait de l'école n'a pas suffi à le garder. Trois mois après être arrivé au bourg, Djeba reprenait le chemin qui devait le conduire à son village en cinq jours de marche.

Ses parents l'ont vu arriver avec étonnement, mais n'ont pas posé de questions et l'ont laissé libre de ses actes. Chacun, ici, ne rend ses comptes qu'à lui-même. Mais à treize ans, presque l'âge adulte dans la Tsangbou, Djeba a fait son choix et a éprouvé l'attachement viscéral qu'ont souvent les siens pour leur terre, leurs coutumes, leur communauté. Lui, pourtant, a dominé la méfiance profonde et irraisonnée qu'ont encore la plupart des adultes pour tout ce qu'ils ne reconnaissent pas comme leur, cette méfiance qui pousse encore des hommes à se laisser mourir plutôt que d'aller chercher le secours de l'hôpital, au bout du chemin. Les hommes de la Tsangbou n'ont plus d'autre recours contre les maladies que les exorcismes pratiqués par leurs lobènes ou que les rares herbes médicinales encore connues des lamas. Lorsque nous sommes là, ils viennent constamment nous demander des médicaments, qui pour un mal de ventre, qui pour des yeux fatigués, parfois pour des accidents ou des maux très graves. Seuls quelques-uns de ceux qui s'exilent vers le sud en hiver, familiarisés avec la langue et les coutumes népalaises, ont accepté de se faire soigner, avec succès généralement, pour un début de tuberculose ou des plaies qui risquaient de s'infecter.

Mais les autres... Un garçon de vingt ans qui souffre d'une affreuse brûlure à la jambe, contre laquelle nous ne pouvons rien, refuse notre aide, bien que ce soit son père qui soit venu nous demander du secours. Nous lui conseillons de se faire porter jusqu'à l'hôpital et proposons de payer ses dépenses. Financièrement, et c'est très important pour lui et pour sa famille, il ne lui en coûtera pas un sou. Mais il refuse en hochant la tête et, puisque nous n'avons pas ce qu'il faut pour le soigner, il enveloppe à nouveau sa jambe dans un morceau de plastique sale. «Trop de tracas!» dit-il. Son père pleure et se désole à ses côtés, mais le garçon s'obstine; il ne bougera pas de chez lui.

Ce n'est pourtant pas un manque de confiance dans les médicaments occidentaux qui le fait réagir ainsi, puisqu'il vient de nous en demander. Sans doute, plus simplement, se refuse-t-il à quitter sa maison pour risquer d'aller mourir ailleurs que chez les siens, ou pousse-t-il le fatalisme jusqu'à l'extrême. A moins qu'une espérance insensée lui fasse croire qu'il s'en sortira seul et l'empêche d'envisager sa mort prochaine. Presque tous les habitants de la Tsangbou ont cette réaction. Par leur vie précaire, soumise à la nature et à ses lois, les Tibétains de la haute vallée sont forcés de dédramatiser les événements, et ils n'accordent à la mort qu'une importance relative. Elle fait partie de la vie, aussi bien que les naissances, et est même nécessaire à l'équilibre de l'homme et de la terre. «Tu as l'air malade, tu vas sans doute mourir...», disent les hommes lorsque l'un des leurs est souffrant; il n'y a aucune trace de révolte dans leur constatation. Les hommes de la Tsangbou acceptent tous leurs maux avec résignation et la mort est peut-être l'un des moindres puisqu'ils croient fermement en la réincarnation.

Les femmes qui perdent leur enfant sont tout aussi malheureuses que les autres mères, mais elles acceptent leur sort, aussi injuste et terrible qu'il puisse leur paraître, sans effusion de cris ni de pleurs.

Quand on a brûlé le corps d'un bébé d'un an qui avait succombé à une épidémie de rougeole, sa mère est partie silencieusement, avant tous les autres. «C'est son cœur qu'on brûle, comment veux-tu qu'elle reste?», nous a dit Tilène Lama.

Les vieux eux-mêmes envisagent leur fin avec sérénité. Du jour où leurs activités se voient réduites par l'âge ou par une infirmité quelconque, ils demeurent à la maison. Les grands-pères promènent leur petit-fils sur leur dos et se retrouvent, pour discuter, sur une des places du village. Les femmes, elles, gardent la maison et se chargent des petites corvées ménagères. Nourris par leurs fils, ils n'ont plus à se soucier du labeur quotidien; chaque soir, chaque matin, ils reçoivent leur part de nourriture sans avoir peiné pour elle. Et leur esprit, plus libre, se replie dans la vie et les pratiques religieuses. Les vieillards de la Tsangbou (il en est un qui a vécu plus de cent deux ans et qui, dit-on, a vu toutes ses dents repousser dix ans avant sa mort...) n'ont pas droit à plus de privilèges que les plus jeunes. Ils dorment, ainsi qu'ils l'ont toujours fait, à même le plancher, enroulés dans une mauvaise couverture; ils vont pieds nus sur les chemins, portent autant de poids qu'ils le peuvent, s'assoient toujours en tailleur par terre et se relèvent à peine plus difficilement qu'autrefois. Dans la famille, qui ressemble plus à un ensemble de gens se respectant mutuellement qu'à une hiérarchie bien établie, les vieux demeurent toutefois à l'honneur et sont servis en premier si ce sont les hommes, tout de suite après le fils si ce sont des femmes. Leur avis est toujours écouté lors des conversations ou des décisions. Mais lorsqu'ils disparaîtront après avoir fait leur temps, leur place vide sera vite comblée par un nouveau-né et, si fort qu'on ait pu les aimer, on ne perdra pas de temps en lamentations. Une fois les cérémonies mortuaires achevées, la vie reprend ses droits.

La mort et les cérémonies qui l'entourent sont encore le prétexte d'une grande réunion. Plus le défunt possède de biens, plus la cérémonie est fastueuse et elle est alors célébrée par des lamas venus de plusieurs villages à la ronde.

Sous la maison du défunt, les villageois dressent un abri de bambous qui protège les lamas. Deux *tchireutchingou*, des baldaquins colorés aux effigies de 128 dieux différents, sont suspendus au-dessus d'échafaudages savants de tormas, les statuettes de farine et de riz placées en offrande. Pendant toute la nuit qui précède la crémation, les lamas guident l'âme du défunt par leurs lectures, et au matin, après un festin général, les femmes vont revêtir leurs plus beaux atours. Portant des plats remplis de grain sur lesquels elles ont posé des fleurs et quelques lampes à beurre, elles partent en procession sur la colline qui mène au bûcher. Le mort les suit, assis sur un brancard de bambous porté par quatre hommes. Sa tête enrubannée de tulle dodeline au rythme des secousses; puis vient le chœur des lamas et des lobènes, frappant cymbales et tambour, sonnant la trompe. Le cortège se fait lent sur la pente raide et sinueuse, et les porteurs ont parfois du mal à suivre avec leur fardeau.

Quand elles arrivent au bûcher, dont elles font trois fois le tour par la gauche, suivies de toute la procession, les femmes déposent leurs offrandes par terre et quittent les lieux, une à une. Seule demeure la famille. Le mort est assis au cœur du bûcher, les jambes sous le menton, et son corps disparaît entre les bûches. C'est alors que s'approchent la veuve et le frère du défunt, portant un pot de beurre. Ils déroulent l'écharpe qui enrobait la tête du mort, et commencent à oindre sa bouche et ses yeux de beurre, car c'est un bon présage que de partir avec quelque chose dans la bouche. «Va-t-en! Les morts ne doivent plus éprouver ni amour, ni tendresse!»

L'homme et la femme se penchent vers le mort et crient de plus en plus fort, l'adjurant de comprendre qu'il est mort et qu'il ne doit pas chercher à retrouver ce monde, et à importuner les vivants. «Va-t-en! Tu es mort, nous t'avons donné ta part! Va-t-en!»

La femme sanglote, et son frère l'emmène dès que les lamas ont glissé sous le bûcher quelques branches embrasées. La fumée monte au ciel, opaque et noire, et le mort se consume lentement, face au grand vide vert où gronde la Tsangbou. Demain, chacun reprendra ses travaux et la veuve demeurera parmi ses enfants.

Les gens de la Tsangbou n'attachent pas plus d'importance à la mort qu'à des séparations plus courtes, qui sont fréquentes dans la haute vallée. Appelés pour un travail de porteur, pour la réfection d'un chemin, montant pour des échanges vers les derniers villages et se rendant même parfois au Tibet, les hommes sont plus souvent au-dehors qu'au-dedans et ils partent sans se retourner.

On reviendra toujours assez tôt, et si l'on ne revient que tard, tant pis. Souvent, ceux qui partent pour trois jours restent absents deux mois, mais il y a bien assez à faire pour ne pas perdre de temps à se lamenter sur les absents. Pourtant, on s'aime ici, entre époux, entre père et gosses. Mais on s'aime

simplement, sans effusion de gestes ni de paroles et l'affection fait partie de la vie, ni plus ni moins importante que le repas du soir ou que le travail aux champs. Les passions ne semblent guère avoir de place en ces lieux où tous les jours se ressemblent, où les femmes portent chaque année un nouvel enfant que l'on acceptera avec de la joie et la force de l'habitude. Ce qui compte, c'est la confiance que se donnent les êtres, une confiance naturelle et chaleureuse, une union parfaite dans les joies et dans les peines, constituée des complicités nées de mêmes soucis et de mêmes fatigues.

«Revenez. Et si vous ne revenez pas,
que le Bien soit sur votre route.»

On part, et chacun retourne à ses occupations: le millet à vanner, la coiffe à coudre, la tomgba à boire, la vache à rentrer, l'eau à porter. L'habitude est plus forte que l'émotion, les gens s'aiment sans possessivité. Au retour, il en sera de même. L'homme passera le seuil sans qu'on l'attende, posera sa charge à terre et retrouvera sa place habituelle, auprès du foyer.

Ce soir, Danène est rentré d'une fête qui avait duré une nuit et un jour. En arrivant, il a demandé du chang. «Tu en as déjà bu beaucoup!» avons-nous fait remarquer. «Oui, a répondu Danène, mais cela fait plus d'un jour que je n'ai rien mangé qui soit cuisiné par ma femme...» Ongmau l'a grondé gentiment et a mis l'eau à chauffer.

LE SEL ET LE GRAIN

Les caravanes vont arriver. Elles seront là dans dix jours, un peu plus peut-être, ou un peu moins, selon le temps qu'il fera. Chacun les prévoit à sa manière, d'après des renseignements obtenus par ouï-dire, par déductions, par rencontres. Les uns prédisent leur venue pour la lune noire, d'autres déclarent qu'elles seront là après-demain. Partout, dans chacun des villages, c'est comme un long chuchotement, une lente excitation. Déjà, les coffres à sel ne renferment plus que quelques cristaux gris amalgamés entre eux. On se prépare doucement à l'arrivée de ceux de là-haut qui apporteront, en même temps que leurs charges, un peu de l'air tibétain.

Dans les maisons de la haute vallée, le grain est récolté, vanné, prêt à être moulu. Les hommes ont fait le va-et-vient entre leurs demeures et le pays népalais, pour rapporter sur leur dos les charges de riz qu'ils vont bientôt échanger. On répare le *passame*, le pont de bambous suspendu qui relie les villages du bas à Pibou, où ont lieu les échanges. D'habitude, ce sont les hommes de Damdangma qui s'en chargent, remboursés de leurs frais et de leur peine par les caravaniers chinois. Mais cette année, Paktchung a accompli ce travail, pour l'âme de sa fille qui est morte il y a deux semaines. Il neige en montagne, ce qui signifie que le col va être bloqué, que les yacks risquent d'être retardés par une marche difficile. Passang Tektek hausse les épaules et assure que cela ne durera pas.

«Ils sont en train de construire des maisons, du côté tibétain. Sûrement, ils vont charger un lama d'arrêter la neige...»

Il a sans doute raison, car il fait beau à nouveau dès le lendemain. Dans tous les villages de la haute vallée, les hommes et les femmes vaquent aux tâches quotidiennes, en attendant l'arrivée des caravaniers.

De l'autre côté de la frontière, les hommes ont chargé leurs yacks de grands sacs remplis de sel, de graisse et de laine et se sont mis en marche. Chacun des quatre villages a formé sa caravane, qui compte une soixantaine de bêtes et une quinzaine d'hommes. Ils vont faire route ensemble pendant dix jours: six pour atteindre le col qui marque la frontière, quatre pour gagner ensuite Pibou.

Les Tibétains chinois, *drokpas* (pasteurs nomades) aujourd'hui sédentarisés — du moins pour l'hiver — dans les villages bordant la frontière sud du Tibet, sont des hommes très grands, plus typés encore que ceux qui habitent le Népal. Ils portent tous le bonnet de laine grise, tricoté par les femmes avec de la laine de mouton qu'elles ont filée elles-mêmes, sur lequel ils rabattent deux longues nattes tressées de fil rouge. Dans l'oreille, ils passent la boucle d'argent ou de laiton énorme, ornée d'une turquoise, qu'il faut retenir à cause de son poids par un fil qui fait le tour de l'oreille. Certains des caravaniers parlent népalais, pour avoir vécu quelques mois ou quelques années à commercer dans des hauts villages. Mais la plupart ne comprennent que le tibétain, ce qui est bien suffisant car tous les rapports avec les gens de la Tsangbou se déroulent dans cette langue qui leur est commune. Tous ou presque portent une veste épaisse, parfois d'origine chinoise, un pantalon fourré, de grandes chaussettes de laine et des chaussures de toile. Ils doivent guider leurs caravanes à travers des montagnes et des cols qui atteignent 5000 mètres. Lors des échanges d'été, le froid n'est pas trop à craindre, mais l'hiver, dès qu'il fait mauvais, la neige recouvre les sentiers.

Nous les avons attendus longtemps à Piling, hébergés dans l'unique maison qui s'y dresse encore par un vieux couple solitaire qui passe le temps à filer, à tresser des cordes et à nourrir ses yacks. La rivière était recouverte d'une épaisse couche de glace qui en étouffait le grondement. Jour après jour, un homme coupait des troncs dans la forêt qui encercle la maison. Il taillait des planches, qui seraient troquées contre du sel ou de la graisse par les caravaniers tibétains chinois.

Plus encore peut-être que pour les hommes de la Tsangbou, ces échanges sont indispensables aux Tibétains chinois. Leurs villages sont plantés sur de hauts plateaux, où rien ne pousse qu'un peu d'orge et de pommes de terre qui ne suffiraient jamais à les nourrir. Là-haut, les hommes n'ont pour seul combustible que de la bouse de yack séchée et quelques rares buissons. De bois, il n'en est pas question. Aussi ont-ils besoin, outre la nourriture, de rapporter dans leur pays les planches destinées à la construction des maisons et le bambou qui servira à la confection des hottes. L'été, les Peuta (littéralement: habitants du Tibet) ont du lait et du beurre en abondance; ils mangent de la viande toute l'année en quantité, mais ils sont complètement tributaires du troc avec la haute vallée népalaise, qui leur fournit l'apport de nourriture sans lequel ils ne sauraient survivre.

Après avoir franchi le col frontière et campé en contrebas, la caravane descend une pente raide et rejoint la rivière. Vers trois heures, elle atteint l'emplacement d'un camp et chaque homme décharge les quatre ou cinq yacks dont il a la charge. Les sacs remplis de sel sont empilés en cercle les uns sur les autres, de façon à former un mur d'un demi-mètre de hauteur qui servira d'enceinte à la tente. Deux bâches tendues sur des piquets protègent du froid, du vent, de la pluie. Les yacks sont lâchés seuls dans la nature où ils passeront la nuit à paître, tandis que les hommes rapportent de l'eau et du bois et bâtissent un feu au milieu de la tente. Tsétène, le cuisinier de cette équipe, met à chauffer une marmite d'eau, y verse le sel et émiette dedans la brique de thé tibétain. Serrés les uns contre les autres autour du foyer, les cinq caravaniers qui partagent la tente s'adossent à un sac et font tourner leur quenouille en attendant que le dîner soit prêt. Dès que l'eau bout et que le thé a infusé assez longtemps, Tsétène remplit les bols de liquide et y ajoute une grosse noix de beurre. Deux gorgées pour se réchauffer, puis les caravaniers ouvrent leur besace pour y prendre une poignée de *rendzom*, la farine de pois grillés qui se mélange au thé en formant une pâte épaisse et savoureuse. Chaque homme tend son bol cinq ou six fois au-dessus du foyer pour que Tsétène le serve à nouveau. Puis il nettoie consciencieusement sa tasse à grands coups de langue et la range dans son dos, entre deux sacs de sel, en attendant le repas de viande et de toua. Fatigués par leur journée, les hommes ne tardent pas à dormir. Chacun déroule son sac de couchage en laine bouclée et s'allonge autant qu'il le peut, serré entre ses voisins, la tête appuyée sur un sac. Malgré le reste de feu et la chaleur des corps, il fait très froid la nuit et les haleines semblent se figer en cristaux de glace.

Au matin, Tsétène rallume le feu et y met à bouillir un gros morceau de viande de yack séchée. Les plus jeunes des hommes partent en montagne, à la recherche des bêtes qu'il n'est pas toujours aisé de retrouver, malgré les cloches et les pompons rouges qu'elles portent pour qu'on les voie de loin. A coups de pierre, en criant et en sifflant, les garçons finissent par rassembler leur troupeau en cercle et par attacher les yacks avec une corde qui court autour de la tente.

Les yacks ne sont pas des animaux particulièrement agressifs, mais leurs cornes sont acérées et il faut se méfier de leurs coups de tête. En passant entre les bêtes, les Peuta prennent soin de marcher sur la corde qui les retient, ce qui oblige le yack à baisser la tête. Lobsang claque de la langue pour se faire reconnaître de son yack, pose sur son dos le bât, formé d'une selle de bois sur deux coussins, et arrime sur chaque flanc un sac qui pèse plus de cinquante kilos. Au-dessus de cette charge, il cale sa besace, sa gourde, un bât de rechange. Le yack se laisse faire placidement.

Vers onze heures, toutes les bêtes sont chargées et la caravane s'ébranle lentement; en tête passent les quatre yacks de Nawang suivis par leur maître qui siffle et file tout en marchant, mais garde un œil sur eux. Dès que l'un des yacks s'écarte du chemin, Nawang intervient en lançant quelques pierres. Derrière lui avancent quatre yacks, suivis d'un homme, puis de quatre yacks et encore d'un homme. Il est près de deux heures et les bêtes progressent lentement, tête baissée, en tirant la langue sous l'effort. Dès qu'ils traversent une rivière, les hommes s'arrêtent pour leur permettre de se désaltérer, car il fait chaud. Toute la montagne résonne du sifflement modulé des caravaniers, du pas sourd des yacks, du roulement des cailloux.

A Piling, les caravaniers font un court arrêt pour remplir leurs gourdes du chang tout frais qu'a préparé Deuma à leur intention. Certains yacks sont débâtés, confiés à la garde du vieux Pintzo et leurs charges sont déposées dans la première pièce de la maison. Les hommes de la vallée qui veulent du sel moins cher qu'à Pibou monteront jusqu'à Piling pour en trouver. Et Pintzo, à son tour, ira porter des planches au Tibet dès que le blé sera moulu dans la vallée.

L'arrêt n'est que de courte durée; déjà, tandis que les derniers Peuta échangent encore quelques nouvelles avec le couple, les premiers yacks ont repris la route. Le chemin vers le prochain camp est mauvais, il faut barrer de branches les sentiers éboulés pour éviter que les yacks ne s'y engagent. Nawang, Lobsang et Dawa Tsiring ont pris la tête de la caravane quand elle s'est enfoncée dans la forêt et ils bondissent de tous côtés pour rattraper leurs bêtes qui se dispersent entre les arbres. Il est déjà quatre heures quand ils atteignent l'emplacement du dernier camp avant Pibou. Ce soir, sous la tente, on boit le premier chang depuis neuf jours avant d'avaler le dîner et de se coucher. Il fait beau, le ciel est couvert d'étoiles et les hommes sont heureux d'arriver au bout de leur peine. Demain, ils vont atteindre Pibou.

A midi, le jour suivant, ils passent la première maison, et les bêtes, escortées par une troupe d'enfants, s'engagent dans les ruelles sinueuses du village. Attirés par les cris de joie des gamins, les villageois sortent de leur maison et grimpent sur les terrasses ou au sommet des escaliers de pierre pour assister à l'arrivée des caravanes. Les yacks se serrent sur les petites places, mastodontes essoufflés, laineux, inquiétants malgré leur aspect lourd et paisible. Ils occupent toutes les ruelles et chacun de leur laisser la place, de s'écarter avec un respect peureux devant la masse de leur corps et la menace des cornes. Les maîtres les déchargent avec des mouvements soigneux, des écarts calculés. Les cloches tintent chaque fois qu'une bête secoue la tête, les sacs s'empilent sur les murets. Attachés les uns aux autres, le flanc secoué par leur souffle haletant, les yacks enfin déchargés prennent leur repos, en attendant qu'on les reconduise en montagne. Le soir même, ils sont emmenés par quelques hommes de Pibou, qui, moyennant deux roupies par animal, les surveilleront pendant tout le temps que vont durer les échanges.

A Pibou, on rit, on parle, on boit. Chaque caravanier a retrouvé son correspondant et s'est installé chez lui en empilant ses sacs dans la pièce de la maison qui sert d'entrepôt. Maintenant, les hommes sont réunis sur les terrasses, assis au soleil pour se reposer et fumer; les femmes vont et viennent, remplissent de chang tiède les bols tendus, servent des haricots de soja grillés et participent de loin à la conversation en lançant une phrase, en riant d'une taquinerie. Deux jours vont s'écouler ainsi, deux jours de retrouvailles, de détente, de repos. Les semaines qui suivent verront arriver une à une les caravanes formées par les trois autres villages tibétains chinois. Chaque hiver, plus de deux cents yacks parviennent à Pibou. Puis les Peuta reprennent le chemin pour descendre dans les villages de la haute vallée.

Chargés d'un peu de laine, de sel et de graisse, échantillons des marchandises qu'ils proposent, les caravaniers tibétains chinois descendent de Pibou, traversent la Tsangbou, puis remontent vers Damdangma, Gompa et Tchongdeû pour montrer leurs produits et conclure à l'avance les marchés. Dans chacun de ces villages, ils ont un ou plusieurs correspondants, avec lesquels ils traitent depuis toujours. Une confiance mutuelle s'est établie au fil des années, vieille de bien des générations, qui évite les fastidieux marchandages. Ici, Tcheubi déroule une pièce de nambou qu'il palpe longuement, en connaisseur. Plus loin, Passang soupèse et renifle un estomac gonflé de *tchilou,* la graisse de mouton qui parfume la sauce et la soupe. Là-bas, Nawang extrait lentement de sa besace une poignée de cristaux de sel qu'examine Gourou. Les femmes se tiennent à côté, prêtes à donner leur avis quand les hommes les consultent. Ce sont elles, souvent, qui ouvrent le coffre des réserves.

On se connaît bien, et les produits à échanger sont toujours de bonne qualité, mais les marchés, pourtant, ne se concluent pas rapidement. Il faut prendre le temps, d'abord, de bavarder, de raconter, de se retrouver. Le Peuta est accueilli dans la maison de la Tsangbou comme il le serait dans sa propre famille. Il s'assied au foyer parmi les enfants, et tend son écuelle pour recevoir sa part du dîner. En son honneur, la maîtresse de maison a préparé du chang que l'on boit lentement, en claquant la langue, tout en parlant des amis, des montagnes, du temps, des yacks, ou des problèmes quotidiens.

Quinze jours passent. Les Tibétains chinois font le tour des villages et, partout, reçoivent le même accueil simple et chaleureux. Maintenant, les hommes de la vallée, chargés de leurs marchandises, montent à leur tour à Pibou pour procéder aux échanges.

Ils viennent en nombre, même depuis les derniers villages népalais situés plus bas sur la Tsangbou, par familles entières, pour apporter leur grain et le troquer contre le sel qui vient d'en haut, moins cher encore pour eux que celui qui arrive d'Inde. Certains parviennent à Pibou en deux ou trois jours, et couchent en chemin à l'abri d'une maison amie ou sous un surplomb rocheux.

Le passage du passame au-dessus de la Tsangbou est toujours un moment désagréable, même pour ceux qui l'ont déjà subi. La passerelle de bambou se balance dans le vide au-dessus des eaux et les hommes qui la franchissent, un peu inquiets, glissent une fleur entre les bambous tressés avant de s'y engager. Ils avancent prudemment, les mains crispées sur les rampes, retenant entre leurs dents la paire de bottes qu'ils ont enlevée pour avoir le pied plus sûr. Le regard fixe, l'attention soutenue, ils progressent pas à pas. Dès qu'ils ont franchi le pont, ils posent leur charge sur un rocher et attendent les suivants. Le souvenir de ceux qui, déséquilibrés par leur fardeau, ont disparu dans les eaux bouillonnantes hante les mémoires; aussi sont-ils soulagés d'avoir passé l'épreuve et d'attaquer la dernière montée.

Les longues maisons de Pibou vont abriter les visiteurs et leurs marchandises. Au coin d'une pièce, sous la fenêtre, ou au soleil des terrasses, les échanges s'effectuent et les taux établis ne sont plus discutés. Deux naras de graisse coûtent cinq naras de millet; quatre mesures de sel valent cinq mesures de riz. Les chaussures de toile chinoises font quinze mesures de farine; le sel a augmenté, cet hiver...

La farine retombe, légère et fine. Les cristaux de sel gris crépitent sur la peau de yack étendue sur le sol. Les sacs de laine s'ouvrent, se vident, se remplissent; on en tasse le contenu à l'aide d'une palette de bois, avant de les coudre à gros points serrés. Tant que durent les échanges, que l'on mesure la farine et le sel, la graisse et la laine, les hommes gardent un silence respectueux et grave; l'insouciance revient dès qu'on a terminé, et les soirées de Pibou sont longues de discussions, de rires et de danses.

Le temps passe. Un matin, les caravaniers arrivés les premiers s'apprêtent à repartir. Les marchés sont conclus et leurs correspondants ont regagné les villages de la Tsangbou. Les sacs sont sortis des maisons et entassés les uns sur les autres, lourds et ventrus à côté des bâts, des cordes, des matelas et des couvertures. En attendant l'arrivée imminente de leurs yacks, les caravaniers jettent un œil sur les charges, recousent un sac mal fermé, vérifient la solidité d'une corde.

Soudain, les yacks surgissent par petits groupes. Vingt bêtes magnifiques, engraissées par leur mois de repos, à la toison épaisse, aux cornes puissantes, qui avancent en désordre dans les sentiers du village. Énervés par les hommes qui tentent de les rassembler et rendus à demi sauvages par leur séjour en montagne, les yacks s'arrêtent, s'affolent, courent d'une terrasse à l'autre en provoquant la fuite des villageois dans un concert de cris et de rires. Le calme ne se rétablit que lorsque les bêtes, entravées, sont prêtes à être bâtées. Courbé sous les cinquante kilos du sac qu'il soulève, chaque caravanier s'approche de ses bêtes en claquant la langue, les charge, noue les cordes. Il attache ensuite le large collier de clochettes et fixe les pompons de laine rouge à la crinière et à la queue. Parfois, les yacks emportent aussi un panier emprisonnant des poules, un bambou rempli de chang pour le voyage, ou de petits couffins de mandarines, friandises précieuses entre toutes, fruit des échanges avec les Népalais de la basse vallée.

Chargés et parés, les yacks sont prêts à partir et la caravane s'ébranle tranquillement dans l'après-midi. De leur pas lent et assuré, ils remontent le sentier en file indienne. Le vieux Passang ferme la marche et avance en faisant danser sa quenouille. Tête basse, il fredonne, ou siffle; maintenant, il sait qu'il n'a pas de souci à se faire pour ses bêtes: la pente raide les empêche de s'écarter du sentier.

Les hommes n'ont pas jeté un seul regard en arrière. Au loin, les bruits du village s'estompent et l'on n'entend plus sur le chemin que le souffle profond des yacks, le tintement clair des cloches. Mais les hommes jettent parfois vers le ciel un regard inquiet. Le temps est menaçant, depuis deux jours. Plus

haut, on risque de trouver la neige... Et dès Piling, en effet, la neige est là, qui a recouvert la prairie et le sentier. Le brouillard se lève et les flocons tombent dru, mais les hommes ne s'arrêtent qu'un instant. Déjà les bêtes s'enfoncent dans la brume. Il faut atteindre le prochain camp et tenter de passer au Tibet avant que la neige n'ait bloqué le col et interdit les chemins.

Il est rare que l'hiver soit aussi dur et qu'il tombe autant de neige dans la haute vallée de la Tsangbou. Mais cette année, la tempête a fait rage pendant cinq jours. Bloqués au campement, au-dessus de Piling, les hommes ont été obligés d'attendre que le ciel se découvre.

Le premier soir, à l'abri devant le feu, ils ont pris leurs quenouilles, joué au parachou (les dés), rangé leurs oranges. Le feu a brûlé tard dans la nuit sous chacune des tentes; dehors, il neigeait toujours.

Le matin suivant, rien n'avait changé. Tsétène a préparé une soupe d'orties et de farine pour les yacks qui ne trouvaient plus d'herbe. Les hommes ont affronté la tempête pour servir leurs bêtes, et pour nourrir de force celles qui se refusaient à ingurgiter leur mixture. Ils ont barré les chemins pour empêcher les bêtes de redescendre, cherché du bois pour alimenter le feu et sont rentrés, trempés, se réchauffer autour du foyer.

Le troisième jour, il faisait plus mauvais encore, le quatrième aussi. A nouveau, il a fallu nourrir les yacks et attendre, attendre en filant, en fumant, en prisant; les hommes étaient inquiets. Jamais les yacks n'allaient pouvoir passer le col. Peut-être fallait-il abandonner les charges, passer à vide et revenir plus tard chercher les sacs...

Le cinquième jour, l'aube s'est levée sur un ciel clair et l'optimisme est revenu. Lobsang et Dawa Tsiring, les deux chefs de caravane, se sont mis d'accord après de longues discussions sur la marche à suivre, sur les yacks qui ouvriraient le chemin, et le sixième jour, par un temps subitement radieux, la caravane a pu repartir. Mais la montée est rude et les bêtes ont peiné sur les sentiers encombrés de neige. L'une d'elles, épuisée, s'est effondrée et n'a pu se relever. Nawang l'a abandonnée aux soins de la caravane suivante et a poursuivi sa route.

Au col, le soleil s'est caché à nouveau; mais les hommes n'étaient plus inquiets du chemin, en descente ou plat, qu'il leur restait à faire. Ils ont équilibré les charges, resserré quelques cordes et ont quitté le pays népalais où ils ne reviendront plus avant six mois.

Plus bas, dans les hauts villages de la Tsangbou, les soupes épaisses sont de nouveau graissées et parfumées par le tchilou. Les coffres à sel regorgent de cristaux qu'il faut écraser dans le mortier avant de les mêler au piment. Les bêtes auront leur ration de sel et les hommes se serviront du trop-plein pour de nouveaux échanges avec les Népalais. Tcheubi, le tailleur, a roulé dans sa boîte à couture de longues pièces de nambou noir qui vont lui servir à tailler des coiffes neuves pour les femmes du village. Quelques hommes arborent fièrement des chaussures de toile bleue chinoise. La vie reprend son cours habituel et il en sera ainsi jusqu'aux prochaines moissons, quand le sarrasin doux s'épanouira en fleurs roses sur les champs et annoncera la venue toute proche des caravanes de l'été.

HIER ET DEMAIN

Pour les Tibétains de la Tsangbou, hier se termine il y a vingt-deux ans, lors de la fermeture de la frontière entre le Népal et le Tibet devenu région de la République populaire de Chine. Depuis ce jour-là, les relations entre gens d'un même peuple séparé par les montagnes se sont vues réduites au strict minimum.

Le commerce, ou plutôt le troc vital existe encore, toléré par les gouvernements, puisque c'est de lui que dépend la survie de ces deux communautés. Mais nombreuses sont les interdépendances qui ont disparu à jamais, laissant un vide important chez les uns comme chez les autres. Tibétains chinois et Tibétains népalais n'ont plus le droit de demeurer longtemps dans le pays voisin, ni d'y pénétrer au-delà de l'équivalent de trois jours de marche.

Hier, les drokpas, les pasteurs tibétains, conduisaient leurs troupeaux de yacks et de chaonris (croisement de vaches et de yacks) jusque dans la vallée de la Tsangbou. Pour amener leurs troupeaux dans ces pâturages, les pasteurs payaient un droit, souvent en nature, qui assurait aux hommes de la vallée un approvisionnement régulier en viande, en beurre, en graisse. Du jour où a cessé cette transhumance, les hommes de la Tsangbou ont perdu toute possibilité de recevoir ce complément de nourriture qui leur était indispensable. Pour combler le manque, ils ont dû planter davantage, exiger plus encore de leur terre. La loi népalaise interdisant à juste titre un défrichement plus avancé de la forêt, les Tibétains en furent bientôt réduits à subsister sur un terrain donné alors que, malgré quelques exils volontaires de certaines familles vers le sud ou l'Inde, leur population augmentait chaque année de façon régulière et inquiétante.

Hier, des caravanes de chèvres et de moutons chargés de sel et de viande descendaient sous la conduite de caravaniers tibétains jusqu'au village situé à l'entrée de la haute vallée. Les échanges se faisaient alors sur place, à un taux avantageux.

Hier, c'était aussi le Bakang, le grand rassemblement des hommes vers le nord, au-dessus de la maison de Piling, au pied du col qui marque la frontière avec le Tibet. Les caravaniers tibétains chinois ne descendaient pas jusqu'à Pibou pour apporter leurs charges de sel et procéder aux échanges. Ils pensaient que leurs yacks ne résisteraient pas au climat de basse altitude; aussi venaient-ils en hiver au Népal, accompagnés de leur famille et de leurs troupeaux au complet, et s'installaient pour deux mois sur une plaine caillouteuse au pied des glaciers et du col.

A cette époque, qui remonte à une trentaine d'années, le Népal n'était pas encore approvisionné en sel par l'Inde, ainsi qu'il le fut par la suite. Pour tous les gens de la vallée de la Tsangbou, Népalais comme Tibétains, le seul moyen d'obtenir la précieuse denrée était de monter vers les lieux du Bakang, où ils demeuraient quelques jours, le temps d'y troquer leurs céréales contre le sel. Les vieux d'aujourd'hui parlent encore avec nostalgie de l'atmosphère de ce grand rassemblement qui réunissait les hommes du Tibet à ceux du Népal et ils gardent vivant à l'esprit le souvenir d'une époque où les échanges étaient plus faciles et florissants, le sel moins cher, les approvisionnements plus variés et plus réguliers. Les tentes étaient dressées par dizaines sur la plaine et il arrivait que plusieurs centaines de gens se trouvent rassemblées en ce lieu.

Là encore, les événements ont tout bouleversé mais cette fois, les gouvernements ne sont pas en cause; c'est la nature qui s'est chargée de séparer les hommes. De grands glissements de terrain se sont produits sur les lieux mêmes du rassemblement, écrasant les chemins et détruisant les voies d'accès vers le sud. Aujourd'hui, l'herbe pousse sur les sentiers désertés. Piling, qui comptait alors cinq maisons, a été abandonné par ses habitants qui sont allés chercher en Inde une vie moins précaire. Il ne reste même plus de ruines témoignant de la présence de ce hameau où une maison unique se dresse aujourd'hui, habitée par deux vieux qui disparaîtront sans héritier et les lieux seront bientôt abandonnés pour toujours.

Il n'y aura plus de yacks dans la Tsangbou, que les quelques bêtes gardées au-dessus de Pandok, qui meurent plus jeunes que les autres parce qu'elles vivent trop bas sur la montagne.

Aujourd'hui, quelques familles de pasteurs s'établissent pour l'hiver dans la haute vallée. Mais ces familles, qui ne sont pas tibétaines et appartiennent généralement à l'ethnie Gouroung, élèvent principalement des moutons et n'ont pas vraiment besoin de grain, ce qui réduit notablement les possibilités d'échange avec les Tibétains.

Le seul village tibétain haut perché qui pratique encore l'élevage des yacks est situé entre deux vallées et, les chemins conduisant vers celle de la Tsangbou (où la demande de produits est très forte) étant en fort mauvais état et presque impraticables l'hiver, ils acheminent plutôt leurs produits vers l'autre vallée. Les hommes de la Tsangbou, une fois de plus, en sont réduits à ne compter que sur eux-mêmes.

Dans leur isolement actuel, l'école représente une des seules ouvertures sur l'extérieur, une des seules possibilités d'apprendre des choses différentes de celles qui font d'ordinaire leurs préoccupations. Mais l'école demeure réservée aux enfants qui doivent écrire eux-mêmes les mots justifiant une absence, que leur père signera en appliquant sur le papier son empreinte digitale. Pourtant, les hommes sont curieux, avides d'apprendre. Les questions reviennent souvent, toujours les mêmes, sur certains phénomènes qu'ils ont pu observer sans en saisir le mécanisme. La terre, l'espace, la nuit, le jour, les saisons... Nous tentons de répondre à l'aide d'un bol, que nous faisons tourner autour du feu, simulacre de la course de la Terre autour du Soleil. Et les conversations entamées près du foyer durent tard dans la nuit; les hommes nous questionnent, tandis que les femmes écoutent rêveusement. «Où est-il, votre pays? Plus loin que Katmandou? Avez-vous aussi du millet et des vaches? Des frères, des sœurs, des parents? Où sont-ils? Est-ce qu'ils vous aiment? Y a-t-il aussi des montagnes chez vous? Il paraît que la neige y est noire...» Souvent très naïves en apparence, leurs questions reflètent en fait un profond bon sens. C'est un vieil homme qui, une fois, s'interrogeait devant nous sur l'océan, qu'il n'avait jamais vu, qu'il ne verrait jamais, mais dont il avait entendu parler. «Où se trouvent sa bouche et sa queue?» Là encore, il faut chercher l'explication simple et évidente, l'illustrer par l'exemple d'un vêtement qui sèche au soleil...

Nous sommes restés désarmés devant un autre problème que nous a posé l'un de nos compagnons de la haute vallée. Il avait précédé sa question d'un long préambule: «Vous qui avez étudié, vous qui avez été dans les écoles, peut-être pourrez-vous me répondre; ce problème est très grave et il me préoccupe, j'ai interrogé des amis, des lamas, des sages dans les villages et ils ne sont pas d'accord entre eux...»

Nous pensions devoir lui expliquer, comme souvent, le trajet de la Terre dans l'espace, le jour et la nuit, quand il nous a demandé: «Le Soleil et la Lune, sont-ils *Ama-Babou* (père et mère), ou *Dadjou-Baïni* (grand frère et petite sœur), ou *Didi-Baïni* (grande sœur et petite sœur)?»

Il avait posé sa hotte pour parler plus à l'aise et paraissait vraiment anxieux d'obtenir une réponse! Pourtant, aussi invraisemblables que nos explications puissent paraître à des gens non avertis, elles sont acceptées comme naturelles la plupart du temps. Que la Terre soit ronde ne semble pas les étonner outre mesure et qu'elle tourne dans l'espace encore moins. Est-ce là une réminiscence obscure de leurs nuits de plein air, où ils ont pu assister à la course lente des étoiles?

Les hommes acceptent nos dires avec une simplicité confiante, hochant la tête en sages qui admettent les mystères de la création. Dans quelle mesure croient-ils vraiment ce que nous disons? Curieux de connaître notre avis, ils savent très bien que cela ne changera pas le cours de leur vie et nos réponses leur apparaissent peut-être comme des contes qui alimentent leur imagination déjà fertile et satisfont leur goût du merveilleux.

La question revient souvent, aussi, de savoir comment il

faut faire pour ne pas avoir d'enfant et elle est propice à ces plaisanteries rabelaisiennes, saines et dénuées de mauvais goût dont les Tibétains, et surtout les femmes raffolent. Mais quelque intéressés qu'ils puissent paraître par les raisonnements et les explications, les Tibétains ne cherchent pas à les appliquer dans leur vie; ce sont deux mondes différents et, lorsque nous leur confions des médicaments, nous savons qu'il nous faudra en surveiller la prise. Ils apprécient nos médecines mais les ingurgitent à la mode tibétaine: un jour oui, un jour non, ou toutes d'un coup pour hâter la guérison.

On retrouve toujours ce décalage entre leurs méthodes, et le désir de profiter de certaines techniques modernes, qu'ils essaient avec une bonne dose d'incrédulité et sans vouloir se plier à leurs exigences. Les solutions offertes aujourd'hui aux divers problèmes des Tibétains de la Tsangbou semblent un peu bâtardes. Pour pallier l'insuffisance de nourriture, les familles s'exilent en hiver vers le sud, où elles se retrouvent en communautés tibétaines, voisines de la civilisation népalaise mais n'en profitant que peu ou pas du tout. Une fois parvenus en bas et installés là pour deux ou trois mois, hommes et femmes sont prêts à fournir n'importe quel travail pourvu qu'il rapporte les roupies nécessaires à leur vie sur place, plus celles qu'ils parviendront à conserver pour satisfaire à certains besoins dans les hauts villages: que ce soit pour acheter le bétail indispensable à la fertilisation des champs, ou le riz qu'ils consommeront ou échangeront plus tard, ou pour garder de la monnaie qui servira à construire une maison et participer à l'édification de l'école. Certains des Tibétains les plus entreprenants profitent également de cet exil annuel pour faire des affaires en vendant des biens manufacturés provenant de Chine, dont ils peuvent tirer un bénéfice correct. D'autres encore passent une partie de l'hiver à sillonner les montagnes pour y récolter le kourki, une plante médicinale dont la racine, une fois séchée, peut se vendre un bon prix si l'on a le courage d'en porter une mône (36 kg) jusque dans les villes du sud.

Mais les hommes ne se satisfont plus de ces solutions qui n'en sont pas. La plupart d'entre eux voient cette descente hivernale vers le sud comme une corvée dont ils se passeraient volontiers s'ils avaient la possibilité de demeurer toute l'année dans leur maison. Ils cherchent aujourd'hui à subvenir à leurs besoins de façon équilibrée.

Les hommes se plaignent souvent de l'insuffisance d'écoles; certains villages en sont dépourvus et il faudrait trois ou quatre heures de marche pour atteindre la plus proche, ce qui signifie que les enfants devraient être mis en pension dans un autre village; ce système n'existe pas et, de toute façon, les enfants sont trop utiles chez eux pour que l'on se permette de les envoyer au loin. Ils souffrent aussi, disent-ils, de l'éloignement de l'hôpital. Quelles que soient leur méfiance à son égard et les raisons qui les en écartent, lorsque l'hôpital devient l'ultime recours, la question de la distance se pose de façon cruciale. Les Tibétains qui désirent réellement se faire soigner sans attendre la dernière extrémité, et il y en a tout de même quelques-uns, auront plutôt tendance à se rendre en Chine. Ils y trouvent un dispensaire gratuit et bien organisé, distant de deux jours seulement des hauts villages, et situé dans un univers tibétain. Pour le moment, il n'existe du côté népalais qu'un petit poste de secours, situé dans le village qui marque l'entrée dans la haute vallée. Mal équipé et tenu par un jeune homme plein de bonne volonté mais qui n'a reçu que le strict minimum d'éducation médicale, il n'attire pas, et on le comprend, la confiance des hommes.

Les gens de la Tsangbou réclament souvent un secours médical plus important et plus adapté à leurs besoins. Dans quelle mesure y auraient-ils réellement recours? Ils ne profitent jamais de celui qui existe déjà. Mais encore une fois, ils ont besoin d'être en confiance avec ce qu'on leur propose, et pour l'instant ce qu'on leur propose est vraiment symbolique.

L'amélioration des moyens de communication, c'est-à-dire les ponts et les chemins, revient aussi fréquemment dans leurs préoccupations. Bien que soucieux de préserver les restes de leur civilisation, les hommes de la Tsangbou ont parfaitement conscience de la nécessité pour eux d'être en relations économiques fréquentes avec les villages népalais. Ne serait-ce que pour pouvoir y acheter du riz au taux gouvernemental lorsque les provisions sont épuisées. Actuellement, il leur faut marcher près de six jours pour atteindre le dépôt le plus proche; douze jours de voyage aller et retour, cela représente une dépense de nourriture qui entamera déjà beaucoup les achats qu'ils auront pu faire.

Les hommes ont besoin de ponts, de sentiers en parfait état, menant vers le sud et vers le nord. Le gouvernement népalais a déjà fait un effort important en creusant dans les gorges de la Tsangbou le chemin qui mène à Damdangmarmou, mais les communications entre les villages de la vallée sont parfois encore difficiles, à cause d'un chemin effondré ou d'un passame (pont de bambous suspendu) en mauvais état, où les hommes passent avec peine et qu'il n'est pas question de faire traverser au bétail. Pourtant, même à l'intérieur de la haute vallée, les échanges intérieurs d'un village à l'autre, selon les richesses et les besoins de chacun, sont indispensables à l'équilibre alimentaire et économique des hommes. Ceux-ci ne peuvent prendre en charge eux-mêmes la réfection des ponts et des chemins sans obtenir une aide importante de l'extérieur, car ils sont trop pauvres pour consacrer du temps à autre chose que leur terre ou leurs travaux domestiques sans être dédommagés du manque à gagner.

Privés des anciennes relations avec le Tibet qui leur fournissait avec la viande un complément important de nourriture, oublieux peu à peu de leurs médecines traditionnelles, leurs familles augmentant et exigeant un travail toujours plus ardu sur une terre qui ne peut plus s'étendre, les hommes de la Tsangbou sont de plus en plus dépendants de l'aide matérielle que peut leur apporter l'État népalais.

Que deviendront-ils demain, les hommes et les femmes de la Tsangbou? Comment parviendront-ils à passer de leurs réalités à celles du vingtième siècle? Cette aide qu'ils souhaitent, qu'ils réclament, parviendront-ils à l'intégrer à leur culture, aujourd'hui si fragile puisque non créative, sans en devenir les esclaves, sans abandonner la civilisation déclinante mais millénaire dont ils sont les derniers dépositaires?

Ce sont eux, et eux seuls, qui devront décider de leur sort. Entre ces deux extrêmes, mourir avec leur culture ou s'adapter et se perdre dans une autre, sauront-ils profiter de certains bienfaits tout en préservant leur originalité?

Il en est beaucoup, parmi ceux qui ont quinze ans aujourd'hui, qui parviendront peut-être à construire une passerelle entre ces deux mondes.

Christine de Cherisey

8

9

11

18

19

29

51

52

63

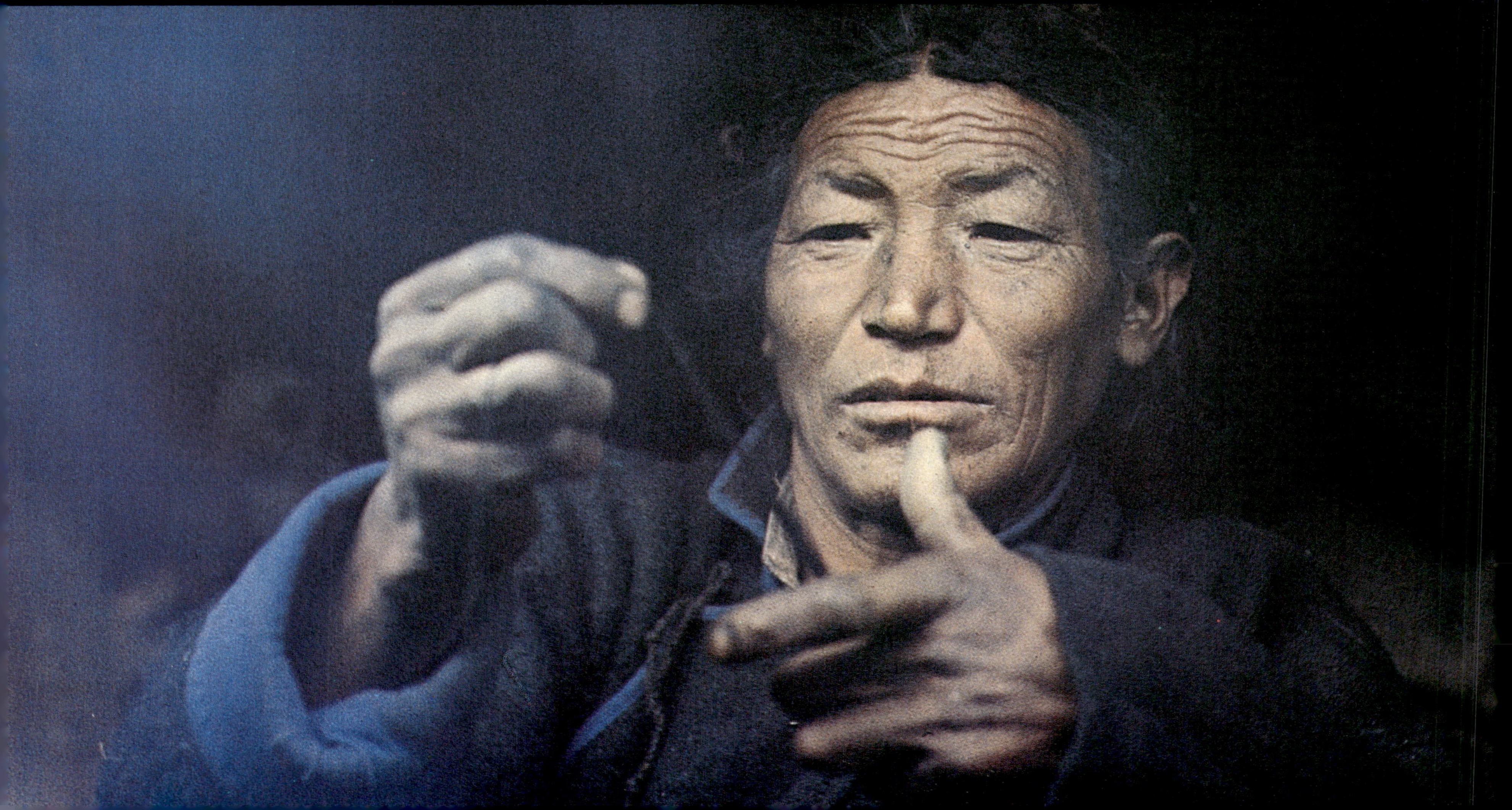

LÉGENDES

Première page de garde:
carte de la vallée. Peinture de Karma Tchiroum Lama.

1 Le village de Damdangma sous la brume.

2 A l'heure des labours. Dès l'aube, sur les terrasses qui dominent la Tsangbou, les hommes sont au travail.

3 Tilène Wongda (le puissant), grand lama de Damdangmarmou, préside la cérémonie qui précède les semailles. Il tient à la main le dordjé, sceptre symbolisant les moyens et la compassion.

4 Damdangmarmou et ses drapeaux à prière, depuis la colline où ont lieu les crémations. Les drapeaux sont destinés à répandre bonheur et prospérité, qui sont représentés par le cheval.

5 Les maisons de la Haute Vallée n'ont pas de cheminée. La fumée des foyers s'échappe par les interstices des toits de bambou tressé.

6 Wangchouk adossé au mur de sa maison.

7 Pema bat le grain d'éleusine (millet) dans un mortier de bois, sur la terrasse. Sa belle-mère est aveugle, mais elle a la garde des poules et du grain qui sèche.

8 Ourting, secrétaire de Damdangmarmou, est tailleur de son métier. Entre deux points, il aspire une gorgée d'alcool de millet avec une paille de bambou.

9 Les femmes de la vallée portent deux tabliers de nambou rayé. Le pangdé se met sur le ventre et le kiptun, plus grand, s'attache sur les reins et protège la robe lorsqu'on s'assoit.

10-11 La coiffe de la Tsangbou est souvent ornée de turquoises, de coraux, d'une rangée de pièces indiennes et d'une chaîne d'argent qui pend sur la tempe.
Au retour du moulin, les visages sont poudrés de farine.

12 Les toits de Damdangmarmou, la Gompa Kenjuré et le chorten (cairn) qui marque le centre du village. A son pied se trouve le Nédo, la pierre sacrée.

13 Devant chaque maison, un mât à prière où claque le drapeau porteur du Tâ, le cheval du bonheur et de la prospérité.

14-15 La petite-fille de Tilène Wongda et son grand-père à la fenêtre.

16-17-18-19 Sur le seuil de la maison, quand souffle la brise matinale, s'effectuent les travaux de battage et de vannage.

20 Pilon et mortier sont taillés par les hommes des villages.

21 Début décembre, on prépare la terre à recevoir les semences d'orge, de blé ou de pommes de terre.

22 Pour planter des pommes de terre, cette femme a retourné la terre en plaques. Elle l'a laissée sécher puis en a formé des piles mêlées d'herbes sèches qu'elle a embrasées. Les tas se consument. Trois jours plus tard, elle y enfoncera la semence.

23 Semailles du millet.

24-25 Les passams, ponts qui enjambent la Tsangbou, sont constitués de liens de bambous éclatés et tressés qui supportent un tronc fin où l'on marche. Ces ponts mesurent souvent plus de cinquante mètres de long. En les tapissant de nattes, on parvient à y faire passer chèvres et moutons.

26-27 La récolte du millet se fait en novembre. Il faut couper l'épi au sommet de la tige. La conque blanche que porte la femme lui a été glissée au poignet quand elle était encore enfant. C'est un bijou précieux.

28 Les troupeaux sont lâchés dans les champs moissonnés. Tout en se nourrissant des tiges, ils fertilisent la terre.

29-30-31-32-33 Tilène Wongda. Les lamas de la secte Nyingmapa mènent de front leurs tâches religieuses, les travaux des champs et leur vie de famille.

34 Les hommes portent souvent des colliers fait en général de turquoises et de coraux.

35 Dès qu'il fait beau, les femmes sortent sur les terrasses pour y converser et s'y reposer au soleil.

36 L'hiver les nuits sont fraîches. Ce matin, Pangdjé s'amuse des reflets du soleil dans le morceau de glace qu'elle vient de casser à la source.

37 Les enfants sont livrés à eux-mêmes tout le jour, mais on leur confie de nombreux travaux et les aînés ont souvent la garde d'un plus jeune.

38 Deuma, la fille d'Ourting.

39 Pendant les fêtes de Lossar (le nouvel an tibétain), en février. Les fêtes religieuses sont l'occasion de grands rassemblements, de danses et de beuveries.

40 Pour les fêtes, les femmes revêtent leurs plus belles parures.

41 Les filles de familles riches portent des bijoux et des chubas de nambou (robes de laine) dès leur plus jeune âge.

42-43-44 Les lamas du village de Gompa célèbrent Tortchiak (la fête d'exorcisme des démons de la vallée). Les danses symbolisent souvent la lutte du bien et du mal.

45 Passang Golek, à l'occasion de Tortchiak, porte des favoris en poil de yack.

46 Norbou joue du djaling tandis que dansent les lamas.

47 Les cymbales, comme le tambour, sont les instruments rituels qui accompagnent les cérémonies.

48 Djabou Lama est le grand lama du village de Gompa. C'est lui qui dirige les cérémonies et est chargé de tuer les démons.

49 L'hiver, chaque maison doit être purifiée par un kourim (exorcisme), mené de front par les lamas et les lobènes (chamans). A chacun des maux correspondent des kourims particuliers.

50 Sur le parvis de la Gompa (temple), deux lamas appellent les villageois aux cérémonies, qui se déroulent généralement la nuit.

51 Plateau d'offrandes, lampe à beurre et conque, déposés au pied du bûcher juste avant une crémation.

52-53-54 Lors des cérémonies mortuaires, les femmes avec leurs offrandes accompagnent le défunt jusqu'au bûcher. Mais elles quittent les lieux avant que l'on y mette le feu.

55 Pendant la crémation, les lamas demeurent seuls auprès du mort et récitent le Chireukolédjeng (livre sacré) pour guider son âme dans le Bardo.

56 Le cadavre est assis au cœur du bûcher.

57 La veille de la crémation, le chaman Pawalendouk mène la cérémonie de Chindjok dans la maison mortuaire. Il brûle un papier portant le nom du défunt, pour lui signifier qu'il n'appartient plus à ce monde.

58 Pendant la même cérémonie, trois chamans lisent les livres sacrés en s'accompagnant du tambour.

59 Il existe un exorcisme approprié à chaque maladie. Kidja Lobène, le chaman de Damdangmarmou, est renommé pour ses pouvoirs. Il officie le Tchadjeû Kourim, durant lequel il lui arrive de mordre à pleines dents dans du fer chauffé à blanc.

60 Djabou Lama dans la danse qui l'oppose à Ri, le démon symbolisé par la statuette de pâte qu'il va détruire.

61 Pawalendouk, coiffé de son bonnet de lama, boit quelques gorgées d'alcool entre deux lectures.

62 Lorsqu'il fait fonction de chaman, Pawalendouk abandonne le chapeau de lama pour la toque de fourrure d'ours.

63 Fascinés, les enfants assistent toujours aux cérémonies.

64-65 Pangdjé et sa grand-mère.

66 Leurs travaux quotidiens terminés, les enfants vont à l'école ou se détendent chez eux.

67-68-69 Les hivers sont parfois rigoureux dans la Haute Vallée; enfants et adultes s'enveloppent dans de grands manteaux ou des couvertures pour se protéger du froid.

70 En janvier, les caravanes de yacks arrivent du Tibet. Elles apportent du sel, de la laine et de la graisse, que les Tibétains chinois vont troquer contre la farine de la Haute Vallée.

71 Dernier campement des caravanes dans une forêt brûlée avant d'atteindre Pibou, le village des échanges. La tente est constituée d'un mur circulaire formé par les charges des yacks et de deux bâches tendues sur des piquets. La nuit, les yacks sont laissés en liberté.

72 Tandis que la viande de yack cuit dans la marmite, au centre de la tente, les caravaniers s'adossent contre les sacs et recousent une corde, en buvant le thé tibétain beurré et salé.

73 Les caravanes s'étirent sur des sentiers étroits. Chaque homme mène quatre yacks, qu'il encourage en sifflant. Au-dessus des limites de la végétation, il faut porter le bois nécessaire au feu des prochains campements.

74-75 Piling est la première maison que rencontrent les caravaniers sur le chemin qu'ils prennent l'hiver en arrivant au Népal. Là, demeure un vieux couple solitaire qui vit surtout de l'échange du bois de construction avec le Tibet.

76 Les campements se font toujours sur les mêmes emplacements. Chaque matin, tandis que cuit le repas de viande et de toua (bouillie de farine), les hommes vont rassembler les yacks et les attachent autour de la tente. A dix heures, après le déjeuner, les bêtes sont chargées et la caravane s'ébranle.

77 Quand les yacks s'écartent, les hommes les remettent sur le chemin à l'aide de pierres lancées à la main ou à la fronde.

78 Les hommes déchargent les yacks pour monter le camp. Ils vont rester bloqués cinq jours sous la tempête.

79 Lorsque les yacks ne trouvent plus d'herbe, il faut les nourrir de soupe d'ortie et de farine. Certaines bêtes refusent cette pitance et on doit alors les gaver.
Dawa Tsiring et son frère ont rempli une corne de soupe et l'enfoncent dans la bouche du yack, qu'ils forcent aussitôt à déglutir en tirant sur sa langue. Chaque jour, il faut renouveler l'opération, tant que dure le mauvais temps.

80-81-82 Il neige au-dehors. Les hommes patientent sous la tente et mangent, boivent, filent, cousent ou jouent aux dés.

83 Le chemin est difficile pour les yacks qui enfoncent dans la neige jusqu'au poitrail. Les plus faibles sont abandonnés aux soins de la caravane suivante, avant la montée vers le col. Certains yacks portent un bât de rechange.

84 Lorsqu'elle parvient au col, à cinq mille mètres, la caravane est à nouveau prise dans la tempête. Pour soulager leurs yacks, les hommes portent eux-mêmes des charges.

85 Traversée d'un lac asséché.

Deuxième page de garde:
Le dieu Dordjé Kouniouma, protecteur en enfer *(gauche)*.
Le dieu Potchen Loktcha, juge des péchés *(droite)*.

MAQUETTE MICHEL DURAND

Achevé d'imprimer
le 31 août 1983
sur les presses de l'imprimerie Attinger
à Neuchâtel

Imprimé en Suisse

ISBN nº 2.01.007778.4
Dépôt légal nº 7320-9-1983